BANG

Roosh V

抱けるナンパ術

出会いからベッドにいたるアルファ男の心得

ーシュV[著]
永井二菜[訳]

CONTENTS

NG

はじめに

非モテ男とナンパ術との出合い

ことの始まりは2001年の春だった。

当時、俺は21歳の学生で、暇なときはパソコンの前に座ってネットの掲示板を読んだり、ゲームで遊んだりしていた。ナンパのテクニックは皆無だったし、女の子が寄ってくるのは、勉強を教えてもらいたいときか、彼氏への不満をぶつけてウサを晴らしたいときだけだ。

そのとき彼女たちの愚痴を聞きながら思った——こんなに素直でかわいい子を粗末に扱う男は何を考えているんだろう。そのうち彼女たちは本気で怒り、口もきかなくなるのが分からないのか。

まわりの友達も女の子には縁がなかったから、みんなでひと晩中オンラインゲームに興じて、ますます女の子と疎遠になっていった。そんな日々から卒業したかったが、自信がない。ほかの連中を横目で見ながら、女の子にモテるには天性の才能がなくてはいけないと思い込んでいたのだ。

そのころ、有機化学の授業で一緒になった女の子を好きになった。その子は同い年のペルシア人で、長いカーリーヘアに浅黒い肌をしていた。同じグループで勉強するうちに、彼女が俺を特別に意識しているのが分かった。友達に相談し、いろいろと状況を分析した結果、彼女は俺に対して友達以上の感情をもっているという結論に至った。

それから2～3週間悩んだあげく、やっと彼女を映画に誘うことができた。しかし「すごく忙しいから行けないの」と断られた。しばらくして彼女がほかの男と手をつなぎ、キャンパスを歩いているのを見かけた。

いつもなら失恋ソングを聴いて終わるのに、そのときばかりは怒りをおぼえた。それまで溜め込んできた鬱屈とした気持ちや、思いどおりにならない人生へのいらだちがこの女の子ひとりに向かったのだ。自分のような〝いい奴〟が相手にされず、ろくでもなさそうな男どもがいい思いをしている――その現実がいまいましかった。

だから彼女を無視することにした。自分から話しかけるのをやめ、言葉を交わすことがあっても、さっさと切り上げた。一緒に勉強しようと誘われると「ひとりでやるから」とウソをつき、夜の図書館でほかの仲間と勉強しているところを見せつけてやった。彼女に冷たくすることで気が晴れた。彼女そのものが、そして彼女にまつわるなにもかもが憎らしかった。この女の子は、俺の女運の悪さの象徴だったのだ。

ところが、それからおもしろいことが起きた。彼女が俺の気を引こうと必死になり始めたのである。こちらが突き放すと向こうが追いすがってくる。そのとき初めて、態度を変えると相手の反応が変わることに気づいた。女の子との駆け引きはオンラインゲームと大して変わらない。戦略と戦術を変えれば結果が違ってくる。

そんなある日、たまたまビジネス系の掲示板を読んでいて、あるリンクをクリックすると〝トニーズ・レイガイド（トニーのナンパ指南）〟というサイトに移動した。あれは人生最高のハプニングだった。そのサイトには声のかけ方、口説き方、キスやセックスのやり方が示してあった。サイトが閉鎖されたら困ると思い、さっそく全ページをプリントアウト。それを読んで我が意を強くした。ナンパの技術はいくらでも身につけることができるし、天性の才能がないからといって女に縁のない人生を送る必要はないことが分かったからだ。

実際に行動を起こしたのはトニーの指南を2カ月ほど研究してからだ。２００1年5月、俺はクラブの開店待ちをしているときに、同じ列にいた女の子に生まれて初めて声をかけた。会話は30分ほど続き、彼女の電話番号を聞き出すことに成功。これには自分でも驚いたし、友達もびっくりしていた。ビギナーズラックだったのかもしれないが、初勝利を手にしたことで、ナンパというゲームは研究する価値があることを実感した。

たいていの男はこんなふうにしてゲームにはまっていく。たまたまゲームを知ることから始まり、初勝利の味や初挑戦の高揚感にやみつきになるのだ。

目標を決めよう

今、君は何を望んでいるだろう。童貞を捨てたい？　百人斬りを達成したい？　カノジョが欲しい？　3Pをしてみたい？　あるいは、もっと抽象的なことかもしれない。例えば自信をつけたいとか、社交的になりたいとか、話し上手になりたいとか……。

何を望むにしても、目標は文字にするのがいちばんだ。文字にした目標は指針になり、モチベーションを上げてくれる。それは企業が掲げる経営理念と同じだ。明文化した目標を見るたびに、たとえ川を汚染することになっても、自分にとって本当に大切なことは何なのか思い出すことができる。

ほとんどの人は目標を掲げると、数カ月は適当に努力するが、達成するのが難しいと分かると目標を変更（断念）してしまう。目標は、達成できるかどうか分からないくらいがちょうどいい。100パーセント達成できると分かっていたら、それはまずい目標だ。良い目標とは、人の知恵を借りる必要や新しいスキルを身につける必要があるものを指す。目標にかぎらず、たやすくクリアできるものには挑戦する価値がない。

どんな目標にも2つの段階がある。目標に向かう〝道のり〟と目標の〝達成〟だ。道のりの段階では学習、工夫、腕試しに加えて、経験したことのない試練に耐えなくてはいけない。進歩を実感できるのはこの段階だ（最終目標を達成するよりも、その途中の小さな目標をクリアするほうが満足感や喜びが大きい場合もある）。最終目標に手が届かなくても、気にすることはない。道のりのおかげで敗北感は和らぐはずだ。経験値が上がっただけでも、挑戦する前に比べれば、成功するための知恵は身についている。たとえ一生〝失敗続き〟でも、挑戦しない奴よりは多くのことを達成できる。

目標の設定に関する本はごまんと出回っているが、その内容は必要以上にややこしいようだ。簡単かつ効果的に目標を立てるには次の一文を完成させよう。『自分の目標は●●●すること』。

これをメモ用紙にでも書きとめ、週に一度は確認する。サイフに入れてもいいし、パソコンの周辺やトイレの壁に貼り出してもいい。目標を視覚化し、それを達成するには何をするべきなのか、つねに意識しよう。

期限設定は不要

一部の専門家は達成期限を決めるように勧める。例えば、『自分の目標は半年以内に母と娘の両方と寝ること』というように。しかし、俺は勧めない。ナンパというゲームは本当に先が読めないし、状況も二転三転するので、期限つきの目標はかえってモチベーションを下げるおそれがある。とくに避けて通れないスランプの時期はなおさらだ。

ナンパの腕が上がると、短期間で大勢の女の子をモノにできる代わりに、不漁の時期も数週間続く。だから、強いモチベーションさえあれば十分である。

ナンパ道を歩もうとする者へ忠告

君がこの先を読み進める前に、ひとつ忠告しておかなくてはいけない。ナンパ道は険しく、期待はずれの結果に終わることが少なくない。それでも挑戦する価値はあるのか。

価値は、ある。それだけは間違いない。頑張った見返りとしてグレードの高い女の子が手に入る。彼女たちをモノにするだけの実力と自信もつく。ただし、それも努力なくしては得られない。

声をかけてかけて、かけまくれ

今後はあらゆる状況下で相当な場数を踏むことが必要だ。職場や学校で日ごろ接する女の子に声をかける程度では不十分。セールスマンになったつもりで〝下手な鉄砲も数打ちゃ当たる〟の精神を発揮しなくてはいけない。

出会いを求めてバー、クラブ、本屋に出向く。どこに行っても女の子に話しかけ、練習と試行錯誤を重ねる。アプローチに成功したら、後日ターゲットに電話をかけ、自腹を切ってデートに連れ出し、どうにかベッドに誘い込む。そのためにもむさくるしい自分の部屋をきれいに片づけておこう。

ゲームをマスターするには時間がかかる

ゲームに心血を注ぐあまり、精神的にまいってしまうかもしれない。拒絶されたり、すっぽかされたり、反撃されたりと憂き目に遭うこともあるだろう。それでも時間をかけてゲームを研究し、反省し、成果を検証して、自分だけの戦術を編み出さなくてはいけない。

ナンパの達人になるために必要なのは時間だ。一夜にして一流のプレーヤーになることはできない。このゲームはボディビルに例えるのがいちばん分かりやすい。最初のうちは目に見えて成果が上がり、天にも昇る気分を味わえる。そのうち好調不調の波が交互に押し寄せ、モチベーションや体調しだいで筋肉が増えたり、落ちたりする。ボディビルを極めるのに終わりはないが、鏡に映った自分を見て〝これで合格〟と思える日が来る。

ゲームを始めて2カ月後には、今までになく多くのことを達成できるだろう。女の子に初めて声をかけたり、クラブのフロアで踊りながらボディタッチしたり、あるいは行きずりの相手とベッドインするのも夢ではない。ナンパの初心者は1年もするとゲームの第1ステージには強くなるが、第2ステージで苦戦するかもしれない。2年後には第1と第2で善戦できるものの、それ以降のステージに改善の余地が残るだろう。

各ステージをひととおりクリアするには、日々の努力を欠かさなかったとしても、2年以上はかかる。しかし、そのレベルに到達すると周囲の連中からリスペクトされ、後進たちを指導し、助言する立場になるだろう。最後はエンドゲームという〝ゲームの域を超えた〟レベルが待っている。

ここまで極めると自分の体験を言葉で説明することすら難しくなるだろう。それは究極のテクニックが第2の習性と化したからであり、頭で考えなくても体が動き、何百という小技を自然に繰り出せるからだ。

自分に合った技を作り出すには

正解はひとつでないことを覚えておいてほしい。ナンパに関するアドバイスはたいてい諸説入り乱れている。

女の子に電話するのはアプローチした当日がいいという説もあれば、4日後という説もある。愛情表現ははっきりするべきだ、いや、ほのめかす程度にとどめるべきだ。デート代は男がもて、いやワリカンにしなさい……。そのどれもが正しいとも間違っているとも言えないが、問題は、誰に向けてアドバイスしているかという点だ。1人の男が使える手は無数にあるが、そいつにふさわしい手となるとごく限られる。

本書では、ほぼすべての男が使えて、アレンジできる戦術を紹介していく。どの戦術も行動心理にもとづいており、効果は実証ずみ。1つひとつクリアしていくと、ひとつのステージから次のステージにスムーズに進めるだろう。しかし、そこに何をプラスするかは自分次第。好みの味つけで、自分にピッタリの戦術になるようにアレンジしてほしい。

ナンパ道には経済用語で言う〝収穫逓減〟がある。知識が増えても実習が足りないと実力が伸びないという現象だ。例えば、家に閉じこもっているガキにナンパのマニュアルを千冊買い与えたところで何の進歩も期待できない。本を読むだけで実習が伴わないからだ。それよりも知識をひとつ与えて外に出し、場数を踏ませるほうが効果的だろう。

ジゴロの自伝を読破することはできるが、それだけでジゴロのテクニックが身につくことは万に一つもない。実践の場に出て、ジゴロの技を試すことが必要だ。本書のようなマニュアルは、読者に十分なノウハウを与えて現場に送り出すことしかできない。あとは、自力でゲームをマスターしてもらうしかないのである。

現在のレベルや過去の失敗にとらわれず、ここからが新しいスタートだと思ってほしい。自信がつくとナンパの成功率が上がるだけではなく、人生のあらゆるシーンが好転する。ここから先は女を抱くことについての、ぶっちゃけた話をしていく。

第1ステージ　ナンパ師の心得

第1ステージの舞台は自分の頭の中だ。何を信じ、どう考えるかによって人の振る舞いは変わり、それによって周囲の反応も変わる。

例えば、女の子を落とす決め手はルックスにあると思い込めば、ルックスに恵まれない自分は女の子に声をかけづらくなり、セックスにありつくチャンスも減ってしまうだろう。見た目や男の魅力をどうとらえ、ナンパというゲームにどういう姿勢で臨むのか。それがゲームの結果に直結するのだ。実践に入る前に、頭の中の〝現実〟が自分にとって好ましいものかどうか検証しよう。

ルックスは関係ない

俺自身、自分をイケメンだと思ったことはただの一度もない。大学時代は鏡を見るたびに、でかい耳やニキビや毛深くて締まりのない体が気になった。自分の容姿が気に入らなかったから、こんな自分を好きになる女の子はいないと思っていた。だから、ナンパとは無縁のまま、大学生活の大半を過ごした。

外見のコンプレックスのせいで女の子に話しかけることができず、会話術の基本中の基本も身につかなかった。友達といるときは余裕で冗談も言えたが、女の子の前では緊張してオドオドしてしまう。そのときは自己評価と女の子の評価が必ずしも同じでないことに気づかなかった。

「イケメン」の条件はほぼ一定だが、ルックスをどう見るかは女の子によって十人十色だ。ジェーンにとって「キモイ」男が、ステイシーには「個性的」に見えるかもしれない。レイチェルには「うどの大木」でも、ローレンには「頼もしい男」に映るかもしれない。

鏡に映った自分を見て、真っ先に目につくのは大きな鼻や薄くなった生え際かもしれないが、女の子が注目するのはそうしたパーツではない。全身からにじみ出る雰囲気やオーラのほうだ。自信のない男は、ちょっとした仕草にも、自分が恋愛の対象外であることを印象づけてしまう。まともにアイコンタクトが取れず下を向いてしまうのは、自己評価が低く、容姿にとらわれているからだ。

たとえ、この世の女性の9割に怪物扱いされても、容姿にこだわってはいけない。そうすれば、男を見た目で判断しない1割の女の子に対して堂々と振る舞える。ゲームの腕前が上がれば、怪物扱いした女たちをも魅了できるだろう。

俺はゲームを始めたばかりのころ、外見をマイナーチェンジした。無精ひげを剃り、髪を切り、流行の服を買い込み、スポーツジムに通って体を鍛えた。それで少しは男前になったかというと、それは疑わしい。今の自分（くたびれたイエス・キリストという感じ）と、ゲームを始めて1年目の自分を写真で比べると、昔のほうが若々しく、おしゃれで、垢抜けている……が、女を抱くことは今よりも少なかった。

たしかに女の子は男の身なりや体格をチェックする。しかし、男の魅力を上げるも下げるも、結局はゲームの腕しだいだ（整髪料を使うかどうかで悩んでも意味はない）。今の俺はたびたびルックスをほめられるし、女の子が寄ってくるようになった。だが、身なりのほうは、ナイキのスウェットを着ていたころと同じで、ほとんど無頓着だ。

ルックスを偏重し、自分のことを不細工と決め込めば、1日の大半をパソコンの前で過ごさなければいけない。重要なのは**見た目よりもゲームの腕であるという信念をもつこと**だ。そのうえで、外に出て腕試しをしなくてはいけない。

もちろん見た目がよければ、ゲーム運びはラクになる（視線ひとつで女の子を惹きつけ、しらふでは言えないクサいセリフもさまになる）。人並み以下の器量でイケメンと同じ結果を出そうと思ったら、何倍もの努力が必要だ。ひとつの電話番号を聞き出すまでに、イケメンなら3人でいいが、ブサメンだと10人くらいにアプローチする必要があるだろう。

遺伝子に恵まれなかったというだけで苦労を強いられるのは不公平ではあるが、悪いことばかりではない。そのおかげで、努力のいらないイケメンよりもゲームの腕と質を上げられる。イケメンは容姿が劣化したら（いずれは劣化する）、それで終わりだ。

容姿がイマイチな男を素質のないテニス選手に例えるとしよう。男は毎日6時間も練習するが、天オプレーヤーは2時間しかしない。なのに天才プレーヤーと対戦すると、ほぼ毎回完敗してしまう。それでも地道な努力を続ければ、試合に出られるし、十分な額の賞金をゲットできる。スーパースターになれなくても、世界ランキングの10位以内に入らなくても、好きなテニスを続け、ぜいたくに暮らし、女性の追っかけとセックスできるだろう。

必要なのは素質ではなく、努力

天性の才能がないのにナンパはできない、素質は「あり」か「なし」かのどちらかだ——そんなふうに思い込んでいないだろうか。バーに行けば、両手に花で人生を謳歌している奴がいる。それにひきかえ、自分はこの1週間、店の片隅でぬるくなったビールを握りしめながら、ひとりの女の子にも声をかけられない。そんなとき自分もいつかは〝両手に花〟を満喫できるとは想像できないだろう。

ゲームを始めて1年後、俺は同僚の女の子たちとワインフェスティバルに出かけた。そのころには女の子にアプローチするのが習慣になっていたが、場所は決まって騒がしいクラブだった。その日、40度の炎天下のなか、バージニア州のぶどう園を散策していると、長身でナイスバディの女の子に目を奪われた。露出度の高い服にヒールつきのサンダル。男はもちろん、女性たちですら彼女に視線を送っている。

俺はスケベな妄想を膨らませながら、彼女を追った。1時間後、ふと横を見ると、彼女がこちらに背を向けてテントの中にいるではないか。俺はその背中に近づき、肩のタトゥーにタッチして尋ねた。「このタトゥー、どういう意味があるの？」

彼女と寝たのは、それから3週後だ。もしゲームを始めたときに「1年後に大勢の集まるイベントで最高の女を落とせる。後ろから近づいて肩に触れるだけでいい」と天のお告げがあったとしても、信じることはなかっただろう。当時の俺にとって、いい女と寝るなんてことは夢のまた夢であり、自分とは無縁の、柄にもないことだと思っていた。

生まれながらのナンパ師はせいぜい1割だ。彼らは天賦の才能で女の子に声をかけ、興味を引き、普通の男が一生かかっても達成できない百人斬りを1年で達成する。彼らにとって、ナンパは努力するものではない。友達と遊ぶくらいの感覚だ。血筋か育ちかは知らないが、女の扱いが抜群にうまく、それが第二の習性になっていて、もはや言葉で説明できないレベルに達している。

それでは、素質のない残り9割（俺のような男）はどうすればいいのだろう。好みに合わない女の子でガマンするか、家庭的な子を見つけて職場結婚できるのをひたすら待つか、金持ちになって、見た目はいいが頭は空っぽの女を引っかけるか。それとも受験勉強の要領でゲームを学べばいいのか。

天才である必要はない。ヨットの操縦やバイクの運転と同じように、精進すれば必ずうまくなれる。ハンディがあるから無理だと思うなら、達人にもハンディがあることを理解するべきだ。俺はバーに行ってかわいい子に難なく話しかけるが、それを見た男たちは俺のテクニックを努力のたまものとは考えず、素質と解釈する。そうやって行動力に欠ける自分を正当化したいのだろう。本当のところ、俺がナンパの達人になれたのは地道な努力のおかげだ。

「努力すれば腕が上がるのは分かるけど、俺はただ、かわいくて性格のいい子をひとり見つけるだけで満足だ。空気の悪いクラブに毎週通って、すかした女に声をかけまくるなんてゴメンだね」

そんなことを言う奴は、努力の成果がすぐに出ると勘違いしている。コンスタントに成果を上げるには、株の投資と同じで、時間がかかる。とくに「かわいくて性格のいい子」は競争率が高い。良質な女の子には手段を選ばない男が群がってくる。そんなターゲットに自分は何をアピールできるか。ライバルを押しのけて彼女の関心を引きつける自信はあるのか。彼女はなぜ自分と寝るべきなのか。

そこで「だって俺ほどの男はいないからね」ぐらいのことが言えなければ、その子を落とすのは無理だ。彼女はナンパ男が好きではないかもしれないが、女の扱いに慣れているスマートな男が好きなことはたしかだろう。**ハイグレードな女の子を落とすには、相当な努力が必要になる**ことを覚悟しよう。

自信は究極の武器

ナンパの秘訣を人に聞けば「自信」という言葉がすぐに返ってくる。自信とは、自分の能力と価値を信じることだ。自信のある男は、たとえ失敗することが分かっていても、目的達成のチャンスを逃さない。そして迷いやためらいを見せない。その自信のほどは、はた目にも分かる。いつも胸を張り、顔を上げ、何が起きても受け止める用意がある。自信のある人間が魅力的なのは、成功しているからというだけではない。一緒にいると、自分までその自信にあやかれる気がするからだ。

経験は自信を運んでくる。経験は実力をアップさせる。実力がつくと、どんな状況下でも不安や失敗への恐れがなくなる。むしろピンチのときこそ前向きになれるだろう。だから自己啓発の専門家は「成功するまで成功した気になれ」とよく言う。実績を重ねて〝本物の〟自信をつかむまでは、経験を重ねて自信を〝装う〟こと。それが結果として成功につながる。

自信のない状態から、美女を口説く自信をつけるにはどうすればいいのか。いちばんいいのは**一度でいいから成功を体験すること**だ。いい女を抱くことほど自信を与えてくれるものはない。それが無理なら、とりあえず見た目を変えてみよう。このふたつ以外に自信をつける道はない!

さきほど、見た目は重要でないと言った。たしかに女の子にモテる条件としては重要ではないが、見た目を〝まし〟にすることで一時的に自信がつき、アプローチがしやすくなるだろう。目的は、外見を変えることで自己イメージを変えることだ。自分のイメージが良くなり、気持ちがポジティブになれば、アプローチやゲームに対して前向きになれる。

こうしたイメージチェンジは長期に及ぶ場合もあれば、表面的な変更にとどまることもある。前者はスポーツジムでのトレーニング(これは確実に自信がつく)、後者は髪型を変える、ヒゲを伸ばす、服を新調するなどを指す。現時点ではアプローチに踏み切る勇気が出れば十分だ。その一歩が弾みになり、いつしかタフな状況でもいい女にアプローチできるようになるだろう。

小さな成功を重ねていくと、あっという間に自信がつき、その自信が次の原動力になる。美人モテルと2分間話すだけでもモチベーションは上がるだろう。自信はゲームに踏み出す促進剤になるが、ゲームを継続するには何人の女の子を抱いたかという実績が必要だ。実績から不動の自信が生まれ、その自信は雪だるま式に膨らんでいく。

男には〝アルファ〟と〝ベータ〟がいる

ドキュメンタリー番組専門のディスカバリーチャンネルで、ゴリラの特集を見たことがある。群れのボスがメスと交尾する映像に続いて、**ベータ系**のオスが隅のほうでオナニーに励む映像が流れた。

ゴリラの群れを支配する**アルファ系**のオスは決まって体格が良く、それがメスに選ばれる条件になっている（これが人間にも当てはまるとしたら、セックスできるのは巨漢だけになってしまう）。ベータ系のオスは思い切って下克上を起こすか独立して自分の群れを作るかしないと、一生低い地位にとどまるしかない。

アルファ系、ベータ系の序列は人間のオスでもほぼ同じだ。ベータ系は下位に甘んじ、少数のアルファ系に多数のいい女を取られてしまう。しかし、アルファ系に転身すれば、話は別だ。原始時代には、人間の心理や行動やナンパの技術を教える本もツールもなかった。思春期の段階でベータ系だったら、一生ベータ系でいるしかなかった。しかし、現代人は男らしい振る舞いや態度を学び、研究することができる。昔とは比べものにならないほど簡単にアルファ系に変われる。

ベータ男《メール》の特徴

ここで平均的なベータ男の実態を説明しよう。ベータ男のいちばんの特徴は、欲求に対する遠慮だ。欲しいものを追いかけないのは手に入れる自信がないからである。そして、自分よりも他人の都合を優先する。人にバカにされても黙っている。自分のアイデンティティを男の魅力とは無関係なところ（デスク仕事など）に求める。ベッドの中では消極的で、相手におうかがいを立てないと先に進めない。色恋（と人生）の挫折を人のせいにして、自分を正当化する。モテる男の条件は並外れたルックスと財力だと思っている。

アルファ男《メール》の特徴

一方、アルファ男の生態は大きく違う。**とにかく自分の欲求に素直**だ。振られても失敗しても動じない。自分の希望、願望、気分を最優先する。人の批判、意見、白い目、嘲笑にかまうことなく、欲しいものを追いかける。誰かに許しを乞うこともない。女の子と寝たければ、知恵とスキルを総動員して目的を果たそうとする。行動を起こす理由は不安ではなく欲望だ。

アルファ系は**自分の限界を決めない**。挫折や失敗の言い訳もしない。自分のいいところも悪いところも受け入れる。そして、自慢をしない。異性の評価を必要としないのは、自分で決められないものを他人が決められるはずはないと知っているからだ。自分の強みも弱みも分かっているので、他人からほめられてもけなされても引きずらない。

アルファ男は**世間体を気にしない**。自分にとって、いちばん着心地のいいものを身につける。服を選ぶ基準は自分の好みや似合うかどうかだけであり、流行や〝見栄〟は関係ない。アルファ男は十分おきに鏡を見て髪を直したりしないし、日焼けサロンや脱毛エステに行こうとも思わない。

アルファ男は**下心を隠さない**。ナンパの目的をあやふやにしないので、女の子は何を求められているのか一発で分かる。相手がセックスの誘いに乗ってこなければ、すぐに気を取り直して、乗ってくる相手を探す。ベッドルームで拒まれても気にしない。今がダメでも次があることを知っているからだ。そして女の子にも、自分と同じように性欲があることを知っている。

アルファ男は**独自のルールで生きる**。自分のペースで会話をリードし、間の取り方や話の盛り上げ方を心得ている。女は強い男になびくと信じている。要求ははっきり出さないと、相手に伝わらないことを知っている。会話の主導権を渡さないのは、相手の要求（注目や賞賛）を優先させないためだ。

アルファ男は**異性に厳しい**。見返りが期待できないのに女の子にやさしくすることはない。ターゲットにするのはルックスが良く、見所があり、確実にモノにできる女の子だ。しかし、その子に「すぐには体を許さない」と言われたら、それ以上は深追いしない。酒や食事を簡単におごる男ではないことを態度で示す。何か頼まれてもタダでは聞き入れない。

いちばん大事なポイントは、**いつでも女を見限る用意がある**ことだ。アルファ男が優位に立てるのは、女の子に費やす時間と労力を自分で決めるからである。そのポリシーは女の子にも伝わり、結果として一目置かれることになる。相手を無駄にちやほやせず、気取った女や高飛車な女ははねのける。俺の流儀が気に入らないなら、もっと我慢強い男を探せばいいと言わんばかりだ。

従順な女の子はいくらでもいる。苦労して口説いた相手でも、自分の意に沿わないと思ったら迷わず切り捨てる。その潔さは金では買えない男の価値を何よりも引き上げる。最後まで潔くいるためにはそれなりの覚悟が必要だ。見限った相手には二度と会わない、連絡も取らないと自分に言い聞かせること。

女は男のはったりを本能的に見抜く。映画『ヒート』のロバート・デ・ニーロのように、立ち去るときは躊躇しない。追いすがる女の子はそういないはずだが、いるとしたら、今後はアルファ男のポリシーを尊重し、それに従うだろう。

とどのつまり、ゲームの極意はそこにある――自分の信念や価値観を曲げることなく、望むものを〝望む方法〟で手に入れることだ。

アルファ男になるには

1日でアルファ男に転身できるわけではないが、アルファ男のポリシーを実践するだけで周囲の反応はすぐに変わり、女にも男にも一目置かれるだろう。アルファ系への近道は動物学者が野生のボス猿を観察するかのごとく、**アルファ男を研究する**ことだ。人との接し方を観察し、何を言うかだけでなく〝どう〟言うかにも注目しよう。成功のコツを聞くよりも、自分の目で確かめるほうが価値がある。

アルファ男にレクチャーしてもらわなくても、その立ち居振る舞いから学べることは多い。

アルファ系とベータ系の差が、行動ではなく、動機にだけ表れる場合がある。どちらもデート代をもち、ドアを開けてやるかもしれないが、ベータ系が女の子に取り入ろうとしてそうするのに対し、アルファ系は自分の満足と目的のためにそうする。

俺の場合、女の子に酒をおごるのは機嫌をとるためではない。相手の緊張をほぐすためだ。電話番号を聞き出した相手に2日後に電話するのは、忘れられたくないからではなく、単純に話がしたいからだ。行動の理由＝動機は黙っていても相手に伝わる。女の子は男の思惑に敏感だ。

芸能界には、何十億もの年収を稼ぐ俳優やミュージシャンが星の数ほどいる。なのに、どうしてひと握りのセレブだけが――レニー・クラヴィッツやマシュー・マコノヒーやレオナルド・ディカプリオだけが、いつも選りすぐりの美女をはべらしているのか。金の力ではない。彼らの同業者はみな金持ちだ。ルックスのおかげでもない。ハリウッド俳優はイケメンぞろいである。

正解は〝アルファ男だから〟。だからこそ世界トップクラスの美女をいつもゲットできるのだ。

実感は遅れてやってくる

実力と経験値が上がるにつれて、戦術を修正するのも、結果を出すのも早くなる。しかし、そのスピードに頭がついていかない。進歩を実感するのは結果が出てから数カ月あとになるので、正しいポリシーをたえず自分の頭に叩き込み、定着させる必要がある。「おまえは女の子を見限る用意がある」と一度に100回唱えるのもいいが、それを繰り返し自分に言い聞かせて初めて、そのとおりだと納得できる。

自信があるつもりで振る舞えば、そのうち〝本物の〟自信が身につく。自分との対戦は最初に取り組むべきゲームだが、その対戦に勝てるのは最後になるかもしれない。

第2ステージ　アプローチで女心をつかめ

恐怖に打ち勝て

アプローチはナンパというゲームのなかでいちばん重要な局面だ。ひとつの技をマスターするだけでも立派なアプローチになる。今の君は自分をダメ男と決めつけているかもしれないが、アプローチを学ぶことで男の格は自動的に上がる。

世の中には君に抱かれるのを待っている女の子がごまんといる――もちろん彼女たちは気は確かだが、君が声をかけないことには何も始まらない。ナンパの経験がゼロでも、途中で口ごもってしまってもいい。アプローチさえすれば、たまたまタイミングが良かったというだけで、抱ける女の子がひとりは見つかるものだ。

君が感じている不安やあきらめはひとまず忘れて、アプローチの重要性と必要性を肝に銘じてほしい。そうでないと女の子に拒絶される恐怖は、怪物のごとく、いつまでも頭の片隅に棲みつく。〝見ず知らずの女の子にぶしつけに声をかけるなんて考えられない、正気の沙汰ではない、無理だ〟と思うかもしれない。そう思うのは、男が進化の過程でアプローチを〝禁じられて〟きたからだ。

経済学者のテリー・バーナムと生物学者のジェイ・フェランは共著『*Mean Genes*（意地悪な遺伝子）』の中で、われわれの先祖が部族単位で暮らしていた時代について触れている。部族は狭いコミュニティだから、仲間内の男が女に言い寄ったりすれば、たちまち噂になり、笑い者にされた。最悪のケースは有力者の女に手を出すことだ。下手をすると部族から追放され、野垂れ死にすることになりかねない。だから一方的に女にアプローチするのは無謀とされた。

それは大昔の話だが、男は今でも当時のルールを守っている。だから、たいていの男は相手に脈があることを確認できないと指一本動かそうとしない。アプローチに対する恐怖は細胞レベルにまで浸透しているのだ。

試しに「あそこにいるかわいい子に声をかけてこいよ」と友達をけしかけてみよう。そいつの心臓はとたんにバクバクし、顔は赤くなり、心中は不安でいっぱいになるはずだ。及び腰になって〝できない言い訳〟を始めるのではないか。男の遺伝子は変わらないので、いつの時代もアプローチに不安はつきものだが、今の世の中で〝村八分〟や〝野垂れ死に〟は言い訳にならない。

アプローチどころか話しかけることすらためらう男もいる。人見知りはモテない男に共通する特徴だが、それは遺伝子よりも羞恥心が原因だろう。生まれつきの人見知りもいるだろうが、克服できないことはない。恥を忍んで根気よく人と交わることだ。そうすれば、恐怖はただの不快に変わる。このステージのいいところは人見知りの克服とナンパのスキルアップが同時にできることである。

恐怖に打ち勝つには、カウンセリングや怪しげなクスリよりも、恐怖と正面から対峙するのが得策だ。口から心臓が飛び出そうになるかもしれないし、顔がトマトのように真っ赤になるかもしれない。呼吸困難に陥り、口から泡を吹いて倒れるかもしれないが、それでも女の子の目を見て、口を開き、言葉をしぼり出すこと。それすら無理なら（人前で声を発することもできないというなら）、無人島に移り住むことを真剣に考えたほうがいい。そうすれば女の子に煩わされることもない。

昔の俺は知らない人が近づいてくると、急いで母親の脚にしがみつくような子どもだった。そんな俺でも頑張って人見知りを克服できたのだから、君だって必ずできる。

苦手意識に負けて、欲しいものに手が出せない男に同情の余地はない。同じ悩み、痛み、苦しみを乗り越えた俺から見れば、自分に勝てない男は同情するに値しない。

振られることはすばらしい

ナンパであれ、スポーツであれ、ゲームと名の付くもので勝つためには相当数の負けを経験しなくてはいけない。失敗するたびに、成功に一歩近づく。

振られたぶんだけ、勝ちも増える

俺はかつての職場で30人の科学者を前にして大事なプレゼンをしたことがある。そのとき「乳糖」

と「乳酸」をたびたび言い違えてしまった。ホワイトハウスの会議にパンツ一丁で出席したようなものだ。穴があったら入りたい気持ちになったが、そのときの失敗は糧になった。専門家を相手にプレゼンするにはどんな準備をすればいいのか、単純だが大切なルールを学ぶことができたからだ。その後は回数を重ねるごとにプレゼン上手になり、やがてグループで集めたデータの発表を任されるようになった。あのときの失敗がなかったら、プレゼンの腕を磨くことはできなかっただろう。

何もしなければ失敗もしないが、試行錯誤しないことには成功もない。この大原則は、とりわけナンパに当てはまる。繰り返し振られて初めて上達するコツがつかめるからだ。俺の場合は**振られた回数も人並み以上なら、女の子をゲットした回数も人並み以上**。トライするほど勝ちは増える――そこには何の秘密もない。

ひとつの勝ちをつかむのに何回のトライが必要になるのか。その数は経験値とスキルが上がるに連れて減っていく。俺がナンパを始めたころは1人の電話番号をゲットするのに20人近くに声をかけなければいけなかった。それが今では3人程度ですむ。勝率を上げることができたのも、さんざん拒まれたおかげだ。最初はノーと言われるとこたえたし、みじめな気分になったものだが、今では笑い話のタネだ。人間の脳は過去の失敗を風化させ、成功を美化するという離れ業をやってのける。

振られるのはベストを尽くしているあかし

フラれることに賛成するもうひとつの理由は、最善の結果を出すことにつながるからだ。拒絶のなかでも最悪なのは、キスする寸前で顔を背けられることだろう。そのあとは、たいてい気まずい雰囲気になってしまう。アプローチの段階で拒まれるよりもバツが悪い。

しかし、今では顔を背けられるのも悪くないと思うようになった。それはキスのチャンスを逃していないというあかしだからだ。**キスを拒まれたことが一度もないなら、キスできたはずの女の子はほかにもいただろう。**なのにそれを取りこぼしたのは、ひとえにトライしなかったからだ。拒まれるのは取りこぼしのないように努力している証拠。拒まれない男は自分の力を出し切っていない。

自分の現在の立ち位置を判断できる

また、拒絶されることで特定の女の子に対する自分の立ち位置も分かる。女の子が舌を入れられることに抵抗を感じないのは、相手の男に好意がある確かな証拠だ。実体験から得た事実は、男女の機微を知らない友達のアドバイスよりも貴重である。

今、振られる決心をしろ

大学時代の俺はテスト期間中にさまざまな言い訳を聞いた。テストが配られる段になると、まわりの学生は「睡眠不足だ」「勉強する時間が十分になかった」と言い出す。精いっぱい勉強してテストに臨んだのに点数が悪かったらどうしよう……そう心配する連中も大勢いた。連中はテストの点をどこまで伸ばせるのかも知らずに大学生活を終えたが、そうやって予防線を張っても自尊心が守られるだけだ。今ここで腹を決めよう――プライドを守ることを優先するのか、それとも最善の結果を出すことに努めるのか。

女の子に拒まれたとき、頭に浮かべるのはこの文句だけにする――**彼女は損をしたなあ**。失言しても、グラスの酒を相手に引っかけたときも〝彼女のほうが損をした〟と考える。転んで笑われても、損をするのはやっぱり彼女のほうだ。

この心がけが大切な理由はいくつかある。

第一に、不運な出会いにこだわることなく次のチャンスに臨める。ひとりに拒絶されたからといって、その日のアプローチを早々に打ち切ってはいけない。第二に、男の株が上がる。俺を振るのは損だと繰り返し考えるうちに、自分の脳もなるほどと納得する。そして女の子たちもそんな君を振るわけにはいかなくなり、自ら気を引こうと必死になるだろう。

最後に、ゲームの手法を変えたくなる気持ちを抑えることができる。〝彼女は損をした〟と思えば、得意の決めゼリフが1回決まらなかったからといってレパートリーから外そうとは考えないだろう。

拒絶を避けようとする男は妙に見栄を張る。〝なぜ、この俺が酔いどれ女に言い寄って振られなくちゃいけないんだ?〟と考える。しかし、本当に自信のある男は見ず知らずの女の子にどう思われようと気にしない。拒絶を拒絶する男の〝プライド〟は弱い自分を守るための口実にすぎない。失敗して恥をかくのが嫌なだけである。

内心は女の子にノーと言われるのが怖いのに、それを隠し、格好をつけ、結局はバカを見る。見栄を捨てると謙虚な生徒になれる。明日の成功のために今日の失敗を受け入れられる。見栄を張らない男はノーと言われても平気だ。自分の見所を分からない女の子もいることを承知しているからである。

アプローチがセックスに結びつかなくても、とにかく続けること。当たって砕ける覚悟が必要だ。場数を踏めば収穫も増える。10敗した先に1勝が待っている。

修業中は過去の成績にとらわれないことが大切だ。〝この手を使ってもうまくいったためしがないから、今回はやめておこう〟と思いたくなるが、過去の結果で未来の結果は占えない。スキルはどんどん上がっているのだ。数カ月前は不発に終わった戦術が今日はあっさり成功するかもしれない。チャンスを逃さず、勝てるゲームを確実にモノにしよう。

失敗しても心を強く持て

アプローチしたくても、最悪の結果と心理的ダメージを想像すると気が引ける。途中でやめたくなるだけではない。女の子のほうから声をかけてくれないかな、などと祈りたくなる（そんな祈りは通じない）。アプローチに失敗しても普通は穏便にすむが、最悪の場合はどうなるか。俺には経験がある。それはメリーランド州のボルチモアで起きた。

最悪だったアプローチ

ボルチモアのメジャーなクラブはナンパ修業にうってつけだ。東海岸のクラブよりもフレンドリーな雰囲気がある。そのひとつが〝ハンマージャックス〟というクラブで、もともとはロックミュージックのコンサート会場だった。

ある晩、俺と友達はいつものように女の子に声をかけまくり、閉店後も店の外でたむろしていた。クラブの客はパトロール警官に注意されるまで帰ろうとはしない。そこでは運頼みの最後のナンパが繰り広げられる。男どもが〝お持ち帰り〟を狙って女の子にもうひと押しするのだが、成功率は低い。

俺はクラブの駐車場で、思いつきのネタで勝負しようと決めた。ひとりで立っている色白のかわいい子に接近し、「あれ、ちょっと酔っぱらいすぎじゃない？」と声をかけたのだ。言ったとたんに後悔したが、時すでに遅し。相手はムッとして「今夜は男にからかわれてばかりで、ウンザリしてるの。あんた、何様？」

俺は呆然とした。返す言葉が見つからなかったのだ。それが彼女を強気にさせたのか、事態はあらぬ方向に向かった。彼女は俺を罵倒し「ぶっ殺してやる！」と叫んだ。

俺の友達があわてて駆けつけ、彼女をなだめようとしたが、相手の勢いは一向におさまらない。あのとき、どうしてその場から離れなかったのか今でも不思議だ。彼女はファイティングポーズを取ると、次の瞬間、俺の顔を殴った。俺がうしろによろけると、続けて左目をパンチ。友達が彼女を制止し、俺は顔を押さえながら退散した。驚いたし、恥ずかしかった。女の子に顔を殴られたのが信じられなかった。

帰り道の車中、俺は助手席のミラーで目の周りのアザをチェックし、友達の笑いを誘った。その翌朝、俺はおとなしい男に逆戻りした。遊びに出かけても女の子に声をかける気にはなれない。また下手なことを言って怒りを買ったらどうしようと不安だったのだ。

しかし、ふと思った。**あの非常事態は今までのなかで最悪の経験だったが、それでもプライドが傷ついただけで、ほかに大きな実害はない**。ということは、あの一件は自分の一存でどうにでも解釈できるのではないか。プラスにもマイナスにも考えられるとしたら、プラスに考えるほうが絶対にいい。

あの女の子に生き方を変えられてもいいのか。あの駐車場でナンパ人生を終わりにするのか。それとも、あの経験を今後の糧にするのか。俺は後者を選び、ナンパ師として成功する大きな一歩になった。数週間後、俺は怒涛のナンパマシーンと化し、ためらいも不安もなくなった。

「外れ値」でみじめになるな

想定しうる最悪の結末がいつか笑い話に変わるとしたら、女の子から殴られるのも悪くないかもしれない。もちろん、殴られなければ一人前になれないというわけではないが、どんな経験もスキルアップの糧になると信じることが大切だ。めったに起きない惨事を今から心配していても仕方がない。

統計学の専門家はこういうアクシデントを〝外れ値〟〝異常値〟と呼ぶ。データを分析するうえであまり意味のない値だ。つまり気にする必要はないのである。それよりも大勢に注目しよう。最近の調子はどうか。10人にアプローチした結果はどうだったか。10人中7人に顔を殴られ、ほかの3人とクラブのトイレでセックスできたら、それは絶好調だ。

マイナスの出来事をスポンジのごとく吸収していたら、このゲームを続けていくのは難しい。ボルチモアで遭遇した酔っ払い女は俺の顔だけを殴ったわけではない。俺のまずいセリフや、クラブでセクハラした男や、貸したCDを返してくれない友達のことも一緒に殴ったのだ。

彼女が拒絶したのは、俺の人格ではなくアプローチのほうである。彼女は俺の人となりを知らないのだから当然だろう。人格を理由に女の子に振られるのは、長年つき合ったあとだ。出会って1分、1日、1カ月の相手に全人格を否定されるはずがない。女の子が拒否するのは〝勝手に〟膨らませたイメージだ。男を印象だけで判断した結果である。

こちらをどう見るかは相手の勝手だから、受け入れられなかったことを真剣に取り合うのはバカバカしい。残念ながら、それを真剣に取り合う男を行く先々で見かける。女の子に言い寄って一蹴されると、仲間のところに戻ってきて「太めの女の子は好きじゃないから」などと負け惜しみを言う。ターゲットを悪く言うと、せっかくのゲームがみじめなリベンジになってしまう。

モチベーションを保つには

アプローチするかしないかは、その日の気分に左右される。1日の大半を内向きに、寡黙に、ネガティブに過ごしていたら、女の子に話しかける気は起きないだろう。そんな心持ちではアプローチに欠かせない〝恥をさらす覚悟〟ができない。アプローチへのモチベーションを上げるには心のモードを切り替え、外向き、話し好き、冒険好きの自分を〝オン〟にすることだ。

積極的に出かける

自分をパソコンだと考えてみよう。使っていないときでもパソコンの電源を入れておくのは起動時間を短縮するためだ。カフェで好みのタイプを見かけたときも同じ。軽く声をかけるのに、いちいち気分を〝起動〟させていてはゲームが続かない。ゲームが始まるのは、コロンをつけて夜の街に出て行くときではない。朝起きて歯を磨きながら〝今日はひとつのチャンスも逃さない〟と心に誓うときから始まる。家を出る前に気合いを入れておけば、いざかわいい子に遭遇したとき、すぐに行動に出られる。とくに機嫌のいい日は、そして前向きでファイトに満ちている日は、女の子の集まるところに積極的に出て行こう。そういうときは成功率が上がる。

身だしなみに気をつける

女の子に話しかける気分になるかどうかは身だしなみにも影響される。何日も風呂に入っておらず、道端で拾ったしわくちゃのシャツを着ていたら、女の子に近づくこともおっくうになる。高い服を着る必要はないが、家から一歩出たら、行く先々で絶好のチャンスが待っていると考える。はたして、この格好で自信をもってアプローチできるだろうか。

昔の俺は金曜日にしかひげを剃らなかった。金曜の朝に剃って週末に備える。だから、水曜や木曜になると不精ひげが目立ち、（自称）いい男がすたった。アプローチする気が失せるような状況を自らつくり出していたのだ。週末をのぞいて冴えない格好をしていたのだから、週に5日は不精を決め込んでいたわけだ。当時の俺は〝活性化エネルギー〟をむだに高めていた。

活性化エネルギーとは、生化学の専門用語である。生化学者が最初に覚えるのは体内の化学反応の仕組みだ。ヒトの体内には数千種類の酵素があるが、これが触媒となって自然には起こりえない化学反応を引き起こす。酵素はいわば化学反応の推進役だ。どんな化学反応を起こすにも活性化エネルギーという障壁を越えなくてはいけない。

活性化エネルギーは原物質が生成物に変化するのを防ぐ天然のバリアだが、このバリアを乗り越える過程は岩を押しながら山道を登るのに似ている。岩が頂上を越えれば、あとは重力によって山道を転がり落ちてくれる。アプローチを、この活性化エネルギーを伴う化学反応と考えてほしい。

酵素にあたるのは豊富な知識と（いずれ身につく）経験値だ。自信がつき、腕が上がるにつれて、活性化エネルギーは低下し、ひとりでに起きることのなかったアプローチという現象がコンスタントに起きる現象に変わる。

活性化エネルギーを抑えるには、着心地のいい服を着るのもひとつの方法である。自信をもって着られる服に1回くらい袖を通しても成果には結びつかない。しかし、繰り返しそうするうちに反対側の斜面に自分を押し出すことができる。活性化エネルギーのようなバリアがなくなれば、どんな男もかわいい子を見かけるたびにアプローチできるようになるだろう。

場所を選ぶ

アプローチは、場所によって難易度は変わるものの、基本的にどこでもできる。できる場所、できない場所に決まりはないが、初心者にはバーかクラブがやりやすい。女の子が連れ立って来るからだ。

バー、クラブ

バーやクラブは騒がしいし、空気は悪いし、人工的ではあるが、修業の場としてはうってつけ。魅力的なターゲットが10人以上も見つかる場所はそうそうない。ダンスが苦手なら、バーに行くことを勧める。クラブのほうが騒がしいし、クラブにいる女の子は男よりもおしゃれに関心があるからだ。バーやクラブでは理想の子に出会えないかもしれないが、出会う日のための予行演習はできる。

酒は飲むほうがいいのか、飲まないほうがいいのかも問題だ。一滴も飲まずにゲームを展開してもかまわないが、悪酔いしたターゲットに絡まれたり、しらふゆえに不審に思われたりする可能性はある。

酒の力を借りずにアプローチするときは、背伸びをしないのが何よりだ。一般的には、自分とターゲットが同程度の酔い加減になることが好ましい。つまり、自分がしらふのあいだは今にも酔いつぶれそうな〝誕生日の主役〟よりも〝今夜の運転手役〟に声をかけるほうがいいだろう。

本屋、カフェ

このほかナンパスポットとして有望なのが本屋とカフェだ。俺の場合はどちらかに入るたびに、声をかけたくなる女の子が１人や２人は見つかる。ひとりで来ている子はヘッドフォンをして本を開いているか、店の隅に座っていることが多い。わざわざ時間を作ってナンパ目的に本屋に行けとは言わないが、本屋やカフェに入る習慣があるならお勧めだ。

こうしたスポットではどこに陣取るかがポイント。ターゲットの隣のテーブルに座るか、もっといいのは同じテーブルに相席すること。こちらから話しかければ、何かが起きる可能性は大きい。会話のきっかけは自然につかめるはずだ。相手は読書や書き物など何かしているはずだから、それを話題にするといい。

インターネット

これはお勧めしない。腕試しの場としても勧められない。出会い系サイトやＳＮＳに参加しても収穫はまずないから、時間の無駄になるだけだ。

ネット経由のナンパは男をコピペバカにする。必要とされるスキルは同じメッセージを何十回も書き込むことだけだからだ。ネットでナンパに成功したとしても、引っかかってくる相手はたいてい魅力に欠ける。モテる女がネット上に自分のプロフィールを公開するだろうか。

出会い系サイトに常駐する女の子は現実の社会になじめず、楽な椅子に腰掛けたままスケベな男から来る大量のメールをクリックしているのが好きなのだ。ネット上なら相手にしてもらえるし、外に出る必要もリスクを負うこともない。それに、出会い系サイトを利用している男は星の数ほどいる。自分のメッセージや画像を投稿しても埋もれてしまうだろう。

ホームパーティー

知り合いが集まる場なので、女の子のガードはゆるくなる。話しかけてくる男に対しても、たとえ興味のない相手であっても、努めて感じよく対応するだろう。共通の経歴や友達がいるから、会話も弾みやすい。ホームパーティーとバーなら、迷わず前者を選ぼう。少人数のパーティーでも勝算はぐっと高くなる。

イベント

ワインの品評会、コンサート、スポーツジムのクラス、スポーツ観戦、展覧会、ダンスの講習会などでは、本屋やカフェと同様に、どこに陣取るかがポイントになる。例えば、スポーツジムのクラスなら、ターゲットから数台離れたマシーンよりも隣のマシーンを確保するべきだ。場所の確保は運にもよるが、会話のきっかけを作るのは自分の腕しだい。イベントの参加者同士は、すでに共通の話題があるので、会話はスムーズに運ぶだろう。

教室

教室は穴場だ。俺は、今の自分のままで大学時代に戻りたいとたびたび思う。そうしたら、いちばんかわいい子の隣に座り、さりげなく授業の話題を振るだろう。教室では共通の話題だけでなく、女の子を教室の外に連れ出す口実もできる。「一緒に勉強しよう」と誘えばいい。教室を出たら、本気で口説きにかかろう。

スポーツジム

大部分のジムは男のたまり場だが、スタイルのいい子に出会えるスポットでもある。友達としゃべりながら気軽にトレーニングする程度なら、アプローチする余力も残るだろう。しかし、ハードなトレーニングをノルマにしているなら、ギアを入れ替えてアプローチするのはきついかもしれない。

ショッピングセンター／ビル

ナンパにふさわしいところではないと思うが、地域によってはショッピングセンターが唯一のアプローチスポットという場合もある。その場合は、姪っ子へのプレゼントを探すふりでもしながら、ショップを巡り、女性の店員や客にアドバイスを求める。

ほかにもアプローチの舞台はいたるところにある——飛行機、バス、電車、空港、駐車場、レストラン、そして路上も。女の子がいる空間はすべてアプローチの舞台だ。アプローチを禁じている場所は自分の頭の中だけである。俺は、ピザの箱を抱えて歩いていた女の子から電話番号を聞き出したことがある。声をかけたのは友達の車の助手席からだ。

女の子と出会うには創意工夫が欠かせない。ロケーションは千差万別だからだ。君が住む町には、大都市と違って何百軒ものバーはないかもしれない。しかし、近所の市民センターが週末に開くコンサートには大勢の女の子が詰めかけるかもしれない。要するに、女の子の集まるところに出向き、試行錯誤しながら、アプローチの方法を研究することだ。そこで手始めに、定番のスポットで使える極めつけのアプローチを紹介しよう。

アプローチの極意

ウォーミングアップは不要

話術の基本を身につけてからアプローチに入ろう――そう言ったら説得力があるだろうか。最初はアイコンタクトの取り方、次は笑顔の作り方、その次は「やあ」と言う練習。気さくで人なつっこい態度を演出することも大切だ。コンビニで会計待ちをするときも知らない人に話しかける。

が、そんな必要はまったくない。

君は今まで安全圏の中で生きてきたのではないか。だったら、これ以上、人間関係のぬるま湯に浸かっていても意味がない。今すぐそこを飛び出してカルチャーショックを受けるべきだ。次に声をかけるのはセックスしたい相手であって、会話の練習相手ではない。このポリシーを守ると、(初勝利を手にするまでに)無駄な回り道をしないですむ。準備体操ばかりしていても本番では役に立たない。さっそく本番に入ろう。

アプローチの初心者なら、知り合いの女の子は避けたほうがいい。つまり、同僚や友人はアプローチの対象外にすることだ。失敗すれば、仲間内で噂になり、アプローチしたことが知れ渡ってしまう。そうなると、初心者は一度で懲りてしまう恐れがある。

俺がアプローチを始めたのは数年前のことだ。当初はどうすれば初対面の相手に声をかけ、話を盛り上げ、口説けばいいのか分からなかった。それでも会話をもたせて、電話番号を聞き出すことができたのは〝男の知恵〟を総動員したからだ。**女の子を抱きたいと強く願えば、会話はどうにかつなげられるものだ**(あとで赤っ恥をかいたとしても)。ナンパの達人でなくても女の子を落とすことはできる。

この本に書いてあることを全部マスターしなくてもアプローチは始められる。必要なのは、わずかな知識と強いモチベーションだ。

5秒以内に声をかけろ

アプローチに〝絶好の〟タイミングなどない。それは素人のたわごとだ。タイミングをうかがっていたら、緊張するだけで終わってしまう。ぐずぐずしていたらライバルが現れるかもしれないし、ターゲットが帰ってしまうかもしれない。ターゲットを決めたら、5秒以内にアプローチを開始する。ただし、ターゲットが口に手を当ててトイレに駆け込んだときは例外だ。セオドア・ルーズベルト大統領は言った。「今あるもので、今いる場所で、今できることをしなさい」。

俺が狙うのは店に入ってきたばかりの子、トイレに立った子、人を掻き分けてカウンターに行こうとしている子だ。好みのタイプを見つけたら〝つかみ〟を決めて接近し、話しかける。頭の中が真っ白になっても、とりあえず「やあ」と声をかけよう。

そのあとはターゲットが話をつないでくれるかもしれない。〝女の子はナンパが嫌い〟と決め込んでいる男がいるが、女の子の都合で自分の出方を決めてはいけない。いいなと思った女の子には遠慮しないで声をかける。相手がこちらをどう思おうと関係ない。

実際のアプローチはわずか数秒だ。ターゲットを見つけ、巧みに接近し、声をかける。現段階で成否の基準になるのは**会話が弾んだかどうかではない。アプローチをしたかどうかだ。**結果よりも挑戦することに意義がある。とにかく話しかけること。たった1回のアプローチが命取りになることはない。どの1回も長い目で見れば大河の一滴にすぎないのだから、途中で思いとどまったり、踏みとどまったりしている場合ではない。

まずはターゲットに歩み寄る。1メートル手前で立ち止まり、相手の目を見て声をかけよう。ターゲットは、こちらが近づいてくるのに気づくはずだ。こちらが立ち止まれば、当然話しかけてくると思うだろう。立ち止まるときは相手の真正面に立つのではなく、ややはすに構える。これでターゲットに〝本当に私が目当てなのかしら？〟と考えさせることができる。

自分の近くをターゲットが通りがかった場合は、アイコンタクトを取ったうえで声をかける。相手は歩いているので、声をかけてもすぐには気づかないかもしれない。いずれにしても大きな声を出そう。女の子が無視するのはわざととはかぎらない。声が聞こえない、話しかけられていることに気づかないという場合が多々ある。俺もクラブでアプローチするときはしばしば大声を出す。自分の声がターゲットの耳に確実に届くようにボリュームを上げよう。

万能のつかみ1「楽しそうだね」

会話のきっかけをつくる〝つかみ〟には場所を問わずに使える万能タイプが2種類ある。ひとつは「やあ。ずいぶんと楽しそうだね」。バーやクラブで使うなら、場の雰囲気に合わせて大いに嫌味を込めよう。それ以外の場所では嫌味は控えめにする。相手が本当に楽しそうにしているときは他意を込めずに言う。

最初の「やあ」は、はっきり聞き取れる音量で。こちらの呼びかけに気づいたターゲットは目を合わせようとするだろう。目が合ったのを確認してから、「ずいぶん楽しそうだね」と続きを言う。ニヤリと笑い、からかっていることをアピールする。相手は笑い出すか、「本当?」「顔に出てる?」などと反応するはずだ。

これでつかみは成功。この万能タイプは**ターゲットの退屈な様子をからかうのがミソ**で、ターゲットの弁解(退屈している理由や言い訳)から話をスタートできるのが利点だ。誰にでも簡単に言えて、あらゆる場面でそのまま使える。難点は、このあとに言葉を足さないと話が途切れてしまうことだ。

グループにアプローチするときは「みんな」というひと言を足して「やあ。みんな、ずいぶん楽しそうだね」とする。このときも全員に聞こえるように大きな声で話しかける。「なんて言ったの?」と聞き返されて会話が始まるようでは情けない。俺の場合はこのつかみのあとに「俺がいちばん楽しんでいると思っていたけど、君たちには負けちゃうな。この店、どう思う?」と続けることにしている。その後は店について批評するか、次に紹介する2つ目のつかみに移る。

万能のつかみ2「当ててみようか」

2つ目は「ねえ。当ててみようか。君の出身は●●●でしょ」だ。1つ目と同じ要領で、「ねえ」で注意を引き、ターゲットと目が合うのを待つ。そして「**当ててみようか**」のあと、もったいぶって2秒置くことが肝心だ。

その2秒間はニヤリとしながら〝考え中〟のふりをしてもいい。そして「君の出身は～」でターゲットの出身を予想する。州でも都道府県でも国でもいい。俺がこのつかみを好んで使うのは、海外出身と思われる女の子。外国人が相手の場合は出身国の当てっこで大いに盛り上がれる。答えが正解でも不正解でも結果は上々だ。不正解なら、もう一度チャンスをもらえるから会話が続く。正解したらターゲットに感心されて、どうして分かったのか聞かれるだろう。

俺は正解率を上げるために「出身は……アルゼンチンかメキシコでしょ？」というふうに、ちょっとズルをする。ターゲットが海外出身でなくても、このつかみは使える。例えば「出身は●●地方？」というぐあいにアレンジする。「やあ」と声をかけた時点でそっぽを向かれなければ、このつかみは確実に会話につながる。

ターゲットに連れがいるときは「ねえ。当ててみようか。君たちは……アルゼンチン出身？」「みんな、アルゼンチンかコロンビアかな」「少なくとも1人はアルゼンチンの出身じゃない？」とアレンジする。

このつかみの妙味は〝推測〟を含んでいる点だ。推測の内容を変えることで応用範囲が広がる。例えば、図書館で書き物をしている女の子を見つけたら「当ててみようか。次のベストセラーを書いているんでしょ？」。コンサート会場で出会った子には「当ててみようか。このバンドが売れる前からファンだったでしょ？」と尋ねる。

前半を変えると、静かな場所でも使える。例えば、カフェでは「やあ。ちょっと聞いてもいいかな……君、アルゼンチンから来たんじゃない？」というふうに。

こんなふうに話しかける自分をイメージできるだろうか。万能タイプのつかみは効果抜群だが、どんなに効果があっても100パーセント成功するとはかぎらない。それでも、この2つは俺が試したなかでもっとも効果的かつ簡単だ。

2つをどう使い分けるかだが、いつどちらを選んでも間違いはないだろう。言葉が見つからなくて女の子に話しかけられない男は大勢いる。つかみはそんな悩みを解消してくれる。たとえ会話は続かなくても、狙った女の子に話しかけ、注意を引きつけた経験は大きな自信になるだろう。

覚えておいてほしい――つかみの役目はあくまでも会話のきっかけを作ること。長くする必要もないし、手が込んでいなくてもかまわない。俺は手短でシンプルなつかみを愛用している。そのほうが無理なく気軽に言えるからだ。暗記が必要なのは〝ひとつ話〟の部類に入るが、これについてはあとで説明しよう。

実況つかみ

つかみのなかでとくに重宝するのが〝実況タイプ〟だ。これは**自分の周囲で今起きていることをネタにする**。アドリブの技術が問われるが、台本どおりのつかみよりも自然に聞こえるのが取り柄である。出かけた先で見るもの、聞くもの、感じることをつかみに変えて、近くにいる女の子に話しかければいい。

実例を挙げよう。俺が地下鉄に乗っていたとき、静まり返った車内でひとりの酔っ払いが陽気に鼻歌を歌い出した。そこで隣に座っていた女の子にすかさず話しかけた。「俺たちも、あの酔っ払いを見習わないとね」。そこから会話が始まり、彼女の電話番号を聞き出すことに成功した。

ワインの品評会でも同様のつかみを使った。ある銘柄を試飲したあと隣にいた女の子に皮肉を込めて言ったのだ。「こんなにうまいワインを飲んだのは生まれて初めてだよ」。あるいは近くにいる女の子がめずらしいアクセサリーやユニークなデザインの小物を身に着けていたら、「それはどういうモチーフなの？」と質問するのもありだ。

実況タイプの利点は、自分と相手がリアルタイムで共有しているものを話題にするところにある。俺はしょっちゅうバカなことを実況してしまうが、それでも会話のきっかけになる。実況タイプは台本どおりのつかみよりもハードルが低い。完成度はイマイチでも効果は高い。実況ネタがないときは最初に紹介した万能タイプを使おう。

バーやクラブで使えるつかみ

今度はバーやクラブに特化したつかみを紹介する。１つ目は、**夜遊びスポットでよく見かける人種をおちょくる**もの。ターゲットは１人でも複数でもかわまない。こんなふうに切り出す。「やあ。１つ質問してもいいかな。俺と友達がポーズを決めるなら、どこに立つのがいいと思う？」

相手がグループの場合は「やあ」の後に「みんなに」をつけ加える。ターゲットが歩いているときは別だが、必ずアイコンタクトを取ってから続きを言うこと。ターゲットは質問の趣旨が分からず、聞き返してくるだろう。そうしたらターゲットがピンとくるまでボディビルダーの〝決めポーズ〟を作ってみせる。ターゲットが分かったら「正解。ジムで必死に鍛えたから、自慢の筋肉を見せたくてね」とオチをつける。ニヤリと笑えば、オチが通じて笑いが取れるだろう。このあとは、クラブにいがちな〝目立ちたがり男〟や〝注目されるのに必死な女〟を話題にして盛り上がろう。

このつかみには別のバージョンがある。「決めのポーズ」を「踊り」に代えればいい。「踊るなら、フロアのどのあたりが狙い目だと思う？　ライトがバッチリ当たるところがいいな。友達はプロのダンサーで、得意のテクニックをひけらかしたくて仕方がないんだ」。そのあと「俺も鏡の前でちょっと練習してきたよ」とつけ加えてもいい。

ジョークが通じたら「冗談はこのくらいにして」と前置きし、先ほどの「当ててみようか」のつかみ（この時点ではもはやつかみとは言えないが）に移るか〝ひとつ話〟を披露する（これについては、あとで詳しく説明する）。

バーやクラブに特化したつかみはまだある。それを使うのは、混み合う店内で女の子の手やひじが自分の体に当たったときだ。よくあるアクシデントだが、そんなときは「ちょっと。今、俺のケツに触ったよね。だから人混みって苦手なんだ」と突っ込む。そう言われた女の子はふざけ半分に謝ってくるだろうから、万能タイプのつかみを畳みかけるといい。

カウンター席で酒を注文しようとしたら、横に座っているかわいい子もオーダーしようとしている――そんなときは「俺のオーダーのほうが早く来るね。賭けてもいいよ」。隣のスペースに無理やり座ろうとする女の子には「悪いけど、ここは俺の陣地。君が座るスペースは残念ながらないね。俺はゆったり座るのが好きなんだ」。

どれも噴飯ものの文句だが、つかみとしては効果的。冗談混じりのつかみが失敗することは、まずない。ただし、**ほんの一瞬だけ〝この人、本気で言っているのかしら?〟と思わせるのがコツ**だ。そして、ニヤリと笑ってみせる。

複雑な作戦をいくつも持つ必要はなし!

俺はナンパの研究を始めたころ、つかみのパターンをいくつも考え、一覧表にしていた。ところが、かえってアプローチが面倒になり、女の子に言い寄る回数が減ってしまったのだ。女の子を物色しながら、この場面ではどのつかみを使おうかと迷っていたら、結局はどれも使わずに終わってしまった。

今の君には、ほぼすべての場面で通用する〝万能タイプ〟がある。自分の考えや意見をリアルタイムで言える〝実況タイプ〟もある。バーやクラブで役立つジョーク感覚のつかみもいくつか覚えた。それで十分だ! **作戦はシンプルにとどめておくに越したことはない**。多すぎる選択肢は実行力の低下を招く。

状況判断のポイント

アプローチには、つかみ以外にも心得ておきたいことがある。まずは〝状況判断〟だ。ターゲットはひとりかもしれないし、友達連れかもしれない。話の輪に完全に入っていることもあれば、中途半端に入っていることもある。カウンター席に座っていたり、テーブルについていたり、こちらを向いて立っていたり、踊っていたり……。

理想を言えば、ターゲットがカウンターのそばで正面を向いてポツンと立っていて、こちらが近づくとニッコリ微笑んでくれるといい。しかし、そんなに都合のいい状況は万に一つもない。そこで目当ての女の子に接近して話しかけるには、状況に応じた作戦を立てる必要がある。

ターゲットは何人グループなのか

アプローチ前のターゲットは、たいてい連れの女友達と話している。連れが1人だけなら、ターゲットと連れの両方に話しかけ、会話をつなぎ、他の男が現れて連れの子に言い寄ってくるのを待つ。

女の子のグループが先客にアプローチされていても、あきらめる必要はない。そいつはグループの中のひとりに狙いを定めているはずだから、ほかの子の話し相手になってくれる新参者を歓迎するだろう。いつものつかみで、その男も会話に巻き込む。そうすれば、警戒されたり、厄介払いされたりする心配はない。こちらが丁重に接すれば、そいつも丁重に接するはずだし、うまくいけば協力してくれるかもしれない。

男女混合グループには、どういう知り合いなのか尋ねてみる。目当ての女の子が「私の彼氏はあそこにいるわ」などと言い出したら、別の子をターゲットにするか、ひと言あいさつしてその場から離れる。女の子だけのグループに対しても同じ質問をしよう。学校や地元など全員に共通する話題はあとで役に立つかもしれない。

ターゲットが座っている場合はやっかいだ。アプローチに失敗すれば、ひとり寂しく立ち去らなくてはいけない。そもそも、相手は腰を下ろしてリラックスしているのだから、立っているこちらは分が悪い。そんなときでも、定番のつかみで話しかけよう。しばらくやりとりが続き、相手が質問を返すなどして手ごたえを感じたら **〝時間のないふり〟作戦**だ。これはナンパ史上、もっとも古いテクニックのひとつ。近くの椅子に腰を下ろして「1分しかいられないんだけどね」と断る。そして何食わぬ顔で話を続けるのだ。ターゲットの口が重くなり、会話が続かなくなったら、それは座ってほしくなかったというサイン。気にすることはない。にこやかに別れを告げて、立ち去るだけだ。どんな場合でも座ることを考える。相手が座り、こちらが突っ立っていては、アプローチは5秒ともたない。

しゃべり方に注意

会話がスタートしたら、よくやるミスに注意したい。例えば、おかしくもない話にやたらと笑う、周りが騒がしくもないのに必要以上に前のめりになる、緊張と興奮で早口になる――これでは〝おくてな男が女の子に相手にされて舞い上がっている〟と思われてしまう。

そんな自分に気づいたときは**話す速度を落とし、上体を起こす**。ターゲットから適度に離れ、効果的に〝無関心〟を装うことができる（物理的にも心理的にも逃げる相手を追いたくなるのが人間のくせだ）。

試行錯誤を繰り返せ

想定外のハプニングはいつでも起きる。

例えば、階段を上る途中で、とびきりかわいい子が下りて来たら、どうする？　通せんぼするべきか、それともUターンして尾行するのがいいのか（俺なら、通せんぼして「階段は左側通行が原則だよ」とからかう）。

女の子のグループにアプローチして、目当てでない子が真っ先に食いついてきたら？　グループに溶け込むためと割り切って、しばらく相手にするべきか。それとも、やんわり無視して目当ての子に集中するべきか（俺ならターゲット以外の子を相手にするのは最初の1分だけ。あとはターゲットに質問を振って話題を変える）。

想定できる状況ですら何百とおりもあるが、臨機応変に対応するには〝何かしら〟試して、その結果を教訓にするのがいちばんだ。結果が思わしくなかったら、次回は別の方法にトライする。このチャレンジ精神こそ、よくある状況に臨機応変に対応するためのカギだ。

また、試行錯誤を繰り返すことで自分にピッタリのアプローチが見つかる。俺はある晩、大きなクラブで〝ひと言だけのつかみ〟を試みた。「ヘイ！」と「ハイ！」しか言わないことに決め、ひと晩中それで通した。その結果、理由はいまだに分からないのだが、「ヘイ！」のほうがターゲットを引き止め、注意を引くのにだんぜん効果的だと分かった。

出先では、ほぼ毎回、違う実験をすることにしている。実験の結果が楽しみだし、自分にピッタリのスタイルを探るためでもある。人によっては「ヘイ！」よりも「ハイ！」のほうが有効かもしれないが、それも両方トライしてみなければ分からない。唯一、実験を控えるのは真剣勝負をかけるとき――つまり、ターゲットが本命のときだ。その場合は使い慣れた手を使う。

好みのタイプを見かけてアプローチしたいと思ったら〝是が非でも〟行動に移さなければいけない。どれだけハードルが高くても無理な状況でも、緊張していても、負けることが分かっていても、だ。

俺はたびたびカフェでそういう状況に遭遇する。隣のテーブルに手ごわそうなターゲットが座っているときだ。あまり乗り気になれないし、うまくいく見込みはゼロに等しいが、それでも自分を奮い立たせる。そうすることでアプローチへの恐れは徐々に消え、厳しい状況に対処する知恵がつくのだ。

好みの女の子がひとりでポツンと立っている、邪魔が入らない、その場にいる全員が自分の知り合い――そんな条件がそろうことは、まずない。ターゲットをとりまく状況は刻一刻と厳しくなり、アプローチはやりにくくなる。さっさと腹を決めてかかれば、それだけ迅速に善処できる。

会話のきっかけをつかんだら、次はいかにして相手のハートをつかむか。それを説明する前に、ちょっと寄り道して、女を魅了する雰囲気＝オーラについて考えてみたい。

モテる男のオーラの正体

男がかもし出す極上の空気がある。それは多くの女を魅了し、恋心に火をつける。それは、ルックスの良し悪しやゲームのスタイルとは関係がない。そしてナンパのコストパフォーマンスを最大限に引き上げ、ターゲットごとに戦術を変える手間を省いてくれる。それは多くの達人に共通する雰囲気だ。その雰囲気を〝**オーラ**〟と呼ぶことにしよう。

器のでかい男になれ

オーラのある男は人生を味わい、大切にする。その人生観から生まれる姿勢、例えば自分をありのままに受け入れる姿勢に女は魅力を感じる。

オーラのある男は大局を見るので、ちっぽけな問題に頓着しない。感情をコントロールし、ひとりの人間や一つの出来事に影響されない。人生は短く、運命は自分の手中にあると心得ているから、アプローチやデートやナンパは余興のひとつとしか考えない。物事が思うようにならないときは怒りと不満ではなく、ユーモアとウィットで対応する。

エネルギーを注ぐ対象は大きな戦い（失業や家族の死など）であって、赤の他人の評価ではない。

彼の生きざまはサーファーのようだ。波には乗るが、逆らうことはしない。置かれた環境に順応し、東海岸の小さな波からハワイのビッグウェーブまで、人生の波を次々に乗り越える。

感情のコントロールはオーラを醸成するうえで、いちばん大切な要素だ。感情を支配することで知性と理性がつねに勝り、問題の解決や迅速な対応が可能になる（すぐに頭に血が上るようでは、戦略的に判断するのが難しくなる）。アプローチのゆくえ（〝マニュアルどおりに〟いっているかどうか）をいちいち深刻に受け止めないのは、たかが1回の失敗で人間の価値が決まることはないと知っているからだ。

感情の抑制は心の余裕の表れである。気持ちをコントロールできるので、1人の女の子に早々と入れ込むことはないし、自分の幸せを他人任せにしない。女たちは彼に秋波を送るが、他の男とは反応が違うので、不思議に思う。そして期待どおりのリアクションを引き出そうとするうちに、すっかり彼に魅了されて術中にはまる。

趣味を楽しめ

人生を謳歌するオーラ男はフリータイムを読書、旅行、めずらしい体験などに費やして自分磨きにいそしむ。おかげで話題豊富になり、女の子との会話にも困らない。向学心に燃えているから、尽きない話題を知的に論じることができる。野暮な男と違って、つまらない質問を繰り返すこともない。粋な男は粋なことを言う。そして粋なことを言うには粋な経験をしなければいけないと心得ている。

質をもとめろ

人生を味わうことは時間を大切にすることに通じる。オーラ男は自分にふさわしくない相手に余計な時間をかけない。一緒に遊ぶ友達やつき合う女性を厳選する。女を見限るときも迷いはない。知り合って3分だろうが、3カ月だろうが、自分の意に沿わないと分かった時点で見限る。

上質を知る男は当然のように上質を求める。こういう男に選ばれた女は幸せだ。そのキャラクターを存分に味わうことができるのだから。ときにはバーで遊んだり、そこそこの女の子を相手に腕試しをしたり、安っぽいスリルを味わったりもする。ただし、貴重な時間とエネルギーを注ぐのはそれだけの価値がある女だけだ。グレードにこだわるのは〝自分自身〟がハイグレードだからである。

遊び心をもて

オーラの最後の要素は遊び心。遊び心のある男は親近感を演出するのがうまい。遊び心とユーモアを兼ね備えた男が磁石のように女を吸い寄せるのは、ポジティブなオーラを醸し出すからだ。

ピエロになってはいけないが、遊び心は究極の人心掌握術である。ユーモアのセンスはドライでも辛口でもひねりが効いていてもかまわない。ただし、世の中の現実を的確にとらえることが大切である。遊び心とは派手に振る舞ったり、注目を集めたりすることではない。自分がいかなる状況に置かれても、そこに笑いを見出すことである。

オーラは中身からかもし出される

オーラのある男が武器にするのは中身であって、ステータスやルックスや金ではない。それらを持ち合わせていたとしても、女の子を魅了するなら中身で勝負するべきだ。そのほうが中身のある女の子にアピールできる。地位のある男、ルックスのいい男、金のある男はいくらでもいるが、オーラ男に中身でかなう男はめったにいない。

俺はゲームを始めて3年目に、羽振りが良くなった。キャリアを手に入れ、高級住宅街に住んだ。大型バイクを乗り回し、流行の店でバーテンのアルバイトをして、高級ブランドで全身を固めた。短期間だがクラブのＤＪとしても成功した。女の子と知り合うたびに、バイクやバーテン時代やＤＪ時代のことを話題にしては、これみよがしに自慢していた。

女にモテる条件はすべてそろったはずだった。ところがゲームを始めて以来の最悪のスランプに陥ってしまった。その原因は、中身で勝負するのをやめてしまったからだ。自分のキャラクターではなく、功績やステータスでターゲットの気を引こうとしていたからだ。それではそこらにいる男と変わらない。

俺はわが身を反省し、再びオーラで勝負することにした。**自分について語ることを控え、ターゲットが〝この人をもっと知りたい〟と思うように仕向けた**のである。こうして俺は〝バイク好きのよくいる男〟から〝楽しいけれど謎めいた男〟に立ち返ることができた。

自慢の種がいくつあろうと、それをひけらかしてはいけない。むしろターゲットに見つけさせ、もっと知りたいと思わせることが重要だ。入れ子式のマトリョーシカ人形のように、ひとつ開けるたびにさらに中身が出てくる男になろう。ターゲットとベッドを共にしても、自分の魅力の半分も見せない。だからターゲットはますます関心を引かれ、魅了される。それはひとえに自分のセールスポイントを出し惜しみしたからだ。相手の気を引きたくて出会った日に自分を全開にしてしまったら、そうはいかないだろう。

オーラは無言のメッセージだ。言葉の端々や態度ににじみ出る。口には出さなくても、その男が時間を大切にし、遊び心をもっていることは女の子にも伝わる。

例えば、時間を大切にする男は一緒に過ごす相手を選ぶものだ。そのこだわりは本人が意識していなくても「君って変わった子だね」「年上は俺の趣味には合わないな」といったコメントに表れる。その言葉尻にオーラを感じた女の子は、ますます興味を惹かれるのだ。100の口説き文句を覚えるよりも、口説く心がまえを学ぶほうが効率がいい。心がまえが分かれば、女の子を口説くのも、魅了するのもらくになる。

話題を切らさない

男にとって一大事なのは、つかみのあとで話題が尽きてしまうこと。これはゆゆしき問題だ。話し始めて30分もしないうちに長い沈黙ができると、そこでゲームオーバーになる可能性が高い。俺は最初の30分で10秒以上の無音状態が続いたら、ゲームを断念することにしている。

ただし、夜が更けるまで会話が続いたときや、デートのときに黙り込むのはかえって歓迎される。無理な気づかいをしていないというサインになるからだ。しかし、それは先の話なので、まずは〝楽しい話し相手〟という印象をターゲットに与えなくてはいけない。

会話を支配しろ

沈黙がまずい理由は2つある。第一に、女の子は素性のよく分からない相手に多くを語らない。したがって、こちらに気を許すまでは話題が尽きても助け舟を出そうとはしない。第二に、女の子は会話の盛り上がりで相性を見る傾向がある。相性の良い2人なら、出会ってすぐに話が弾むと信じている。言葉のキャッチボールが延々と続き、話題は尽きないと思い込んでいるようだ。

お互いの相性が一瞬で分かることもあるが、普通は一定の時間がかかる。つまり、アプローチ後の30分間は会話の7割以上をこちらがリードしなくてはいけない。その結果、ターゲットが打ち解けてくれたら少しはプレッシャーから解放されるだろう。

この会話を通行人が耳にしたら雑談にしか聞こえないかもしれない。しかし、じつは綿密に練られた計画の一部だ。なにしろ、こちらにはセックスという大きな目的があり、オーラという武器があり、実証済みのネタがある。そして最初の30分を過ぎたら、ターゲットとの距離を一気に縮めるための〝ひとつ話〟を披露し、女心をわしづかみにしなくてはいけない。

話し上手でも、頭の回転が速くても、最初の30分を無事に乗り切るのは至難の業だ。つい余計なことを口走ったり、つまらない話をしてしまったりする。それでも女の子は失言や迷言を大目に見てくれるし、名セリフばかりが出てくるとも期待していない。それでも立て続けにスベったら、レッドカードを出すだろう。

出会ったばかりの女の子を前にすると勇み足になりがちだ。言いたいことが思い浮かぶと早口になったり、相手の発言をさえぎったり、話の腰を折ってしまったりする。とくに用意してきたセリフは話の流れをさえぎってでも早く言ってしまいたくなるが、その衝動は抑えること。そうでないと、話があちこちに飛んで収拾がつかなくなる。**相手にしゃべらせるほうが有利になる**と心得よう。相手の発言から次の話題や話を広げるヒントが見つかるからだ。親友としゃべるつもりで、ふだんのペースで落ち着いて話す。

会話を絶やさないためには、**話題をつなぐ〝テーマ〟**が必要だ。テーマがあれば新しい話題に簡単に移れるので、ひとつの話に詰まって会話そのものがストップしてしまうことがない。テーマに沿って話を進めていくと、会話の流れや盛り上がりを見ながら、話を膨らませることができる。テーマは相手を問わずに繰り返し使えるし、暗記する必要もない。

テーマ〝人〟

〝人〟には、自分、ターゲット、その他の人間が含まれる。人をテーマにルックス、流行、噂、内緒話、人間観察などについて話を進める。まずはターゲットを（ダシではなく）対象にして、彼女の服やユニークなアクセサリーについて突っ込む。例えば「その靴はシャツに合っているね。そうなるようにコーディネートしたの？」と振る。相手が「そうなの」と返したら、「やっぱりそうか。俺も1日かかって今日のコーディネートを考えたんだ」と話を広げる。

続いて、周囲の人の服装に話題を移し、気づいたことをコメントする。例えば「みんながしてるネックレス、だんだん太くなっていく気がしない？」というふうに。そこから太いネックレスを流行らせたファッションデザイナーについて語ってもいい。ファッションについては基礎知識を披露するだけにとどめよう（ヘタに専門用語を出すとキモイと思われる恐れがある）。俺が好んで話題にするのは4年前からはいている穴あきジーンズだ。この穴は「自然に」空いたものだから「世界に2つとない」ことを熱く語って聞かせる。

噂話も、このテーマに入る。女の子はたいていゴシップ好きだから、それに乗じて興味を引き出す。例えば「気になる噂を耳にしたんだけど、君は僕のシャツが嫌いなんだって？　せっかく母さんに選んでもらったのに」

あるいは、店の中でいちばんショボイ格好をしている男を指差しながら「あそこにダサい奴がいるじゃない？　じつはここのオーナーだって。そうは見えないよね」

連れの友達をダシにすると格好の作り話ができる。俺の得意ネタは「あそこに立ってる俺の連れは元クラブダンサーなんだ。昔は天井から吊るされた檻の中で踊っていたんだよ。しかもボアつきの衣装を着てね。これ、内緒だよ」

人間観察も話題にできる。適当なカップルを指差して、こう切り出す。「あのふたり、どう思う？ ただの友達かそれ以上の関係なのか……」。ターゲットが自分なりの考えを言ったら、ユニークな分析を交えて自論を展開する。例えば「あれは絶対にただの友達だよ。お互いの顔が40センチ以上離れているからね。心理学者によると40センチが友達と恋人の分かれ目らしい」。あるいは「あれは絶対につき合ってるな。男が女の子の話を真剣に聴いているからね」

テーマ〝場所〟

次のテーマは〝現在のロケーション〟。今いる場所（店）についての考察や疑問をネタにする。バーにいるなら「ここは騒がしくて最高だね。おかげで君の話がよく聞こえる。タバコの煙にやかましい音楽。それでも僕らの絆は固いってわけだ」。続けて「出会いのメッカが出会いを邪魔するとは皮肉なもんだね」。そのあとは男女の理想の出会い方に話題を移し、小道具としてメモを数枚使う。各メモ用紙に〝はい〟〝いいえ〟〝分からない〟と書いてターゲットに渡しておこう。

ターゲットがつまらなそうな表情をしたら、「退屈だったらお立ち台の上で踊ってきたら？ 踊ってる子はみんな楽しそうだよ。まあ、僕は遠慮するけどね」。気取った店にいるときは「ここの客は見栄っ張りばっかかで嫌になるよ。外見とブランドが命って感じだ。ところで君はどんな高級車に乗ってるの？」。あるいは「踊ってもいいんだけど、ねたまれると困るからやめとこう。自慢じゃないけど、ダンスには自信があるんだ」。

もう一例。「個室を取ってブランデーを注文しようと思ったんだけど、今日はおとなしく一般人と交わることにするよ」。もう一例。「この店なら、気前のいい金持ちのマダムが見つかりそうだ」。最後の一例。「う〜ん、さっきから退屈な曲ばかり流れてくるよね。次はマドンナでもかけてくれないかな」

現在のロケーションから連想したことを話題にするのもありだ。カフェだったら「ここに来るのは仕事がはかどるからなんだ。家にいるとゴロゴロして終わっちゃうから」。電車の中では隣の子に「みんな冴えない顔して座っていると思わない？　話しかけられたくないから、わざとムスッとしてるのかな」

ちなみに「ここにはよく来るの？」と聞くのはやめたほうがいい。あまりにも愚問だからだ。どうしても聞きたいなら「ここで君を見かけるのは初めてだと思うけど」という切り出し方にする。ロケーションにちなんだコメントは、相手も同じことを考えているなら、話が弾むきっかけになる。ターゲットも口が滑らかになるだろう。現状や周囲の様子をテーマにすると、たいてい会話は盛り上がるものだ。

オススメのテーマ〝旅〟

いちおしのテーマは〝旅〟。おもしろい体験談を披露できるからだ。海外の話でなくてもかまわない。

近場の都市でもいいから、そこで発見した興味深い事柄を話題にする。

出だしは「このあいだ●●●に行ったら――」が基本形。このあとに短いエピソードを続けよう。例「このあいだバルセロナのクラブに行ったら、一般客はメインのフロアで踊ってるんだけど、2階に男専用の小部屋があったんだ。その部屋があまりにも狭くて、男同士が体をすり合わせるようにして踊ってた。怪しい光景だったなあ」。または「このあいだペンシルベニア州のヨークって町のバーに入ったんだけどね。この店のありがたさが身にしみたよ」などと切り出して、今いる店と比較する。旅行の話をするときは「そう言えば昔、●●●に行ったとき――」という出だしでもいい。

旅にまつわる話題には、こんな例もある。「どこかで読んだことがあるけど、アメリカ人の98パーセントはパスポートを持っていないんだって。いや、たまげたよ。世界有数の豊かな国だっていうのに、外国の文化に関心がないのかな」。こうしたコメントはターゲットに言い訳させるのに有効だ(ターゲットがしばらく旅行していない場合、肩身の狭い思いをするだろう)。旅の話題は活動的で旅行好きの女の子にウケがいい。


テーマ〝将来〟


〝将来〟は個人的にいちばん好きなテーマだ。自分の今後に思いをめぐらせ、ターゲットの想像力を大いに刺激できる。それに、現在のことを話すよりも楽しい。

今はお互いに〝雇われの身〟である可能性が高い。俺は脱サラの夢をよく語る。「会社勤めを始めて6年目なんだ。今の仕事は嫌いじゃないけど、違う生き方もあるんじゃないかってよく考えるよ。このまま歳を取って、死ぬ間際に『ああしていたら、俺の人生は変わっていたかもしれない』なんて後悔したくないしね」

会社を起こす夢や、絵や小説の創作に取り組む予定も格好のネタになる。なぜなら熱中するものがあり、くだらない趣味に金をかける男でないことをアピールできるからだ。会話の中で、こうした話題にさらりと触れるといい。

俺は将来についてひととおり語ったあと、ちょっとヘビーな質問を投げて、ターゲットに考えさせるのが好きだ。例えば「それで、君は今後について何か考えてる?」。お互いに恋人募集中だったら、「自分を犠牲にするくらいなら、映画でも見て擬似恋愛を楽しむほうがマシだと思うんだ。今どき、女に尽くす男なんて見たことも聞いたこともないよ」

すでに気づいているかもしれないが、俺の質問と話題は聞き手の不安や動揺をあおるものが多い。その狙いはターゲットの意識を〝俺の〟ではなく〝ターゲット自身の〟負い目や問題に向けさせることだ。品定めされるのはターゲットであって、俺ではない。うまくいけば、ターゲットに自分をよく見せようとする心理が働くかもしれない。

テーマ〝適性審査〟

〝適性審査〟というテーマもある。ターゲットがこちらの求める条件を備えているかどうかを話題にするのだ。しかし唐突に「君は僕の理想のタイプかな」などと切り出してはいけない。あくまでも遠まわしに探る。ターゲットはこちらが女性の好みや条件にうるさいことを察するだろう。

例えば、料理をするかどうか尋ねてみよう。俺なら「ルームメイトだった女の子は冷凍のナゲットをチンするのはうまかったけど、それ以外は何も作れなかったよ」と続けるだろう。ターゲットが料理下手だと分かったときは「マイナス100万点！」などと〝採点中〟であるかのように反応する。

料理の腕ではなく、自分にとって重要なスキルを話題にしてもいいだろう。君がイラストレーターだったら、ターゲットにも絵心があるかどうか探る。俺が重要視するのは体のケアだ。ターゲットに「スポーツジムに行ってる？」と尋ねると、ほぼ全員が（現在の体形に関係なく）「イエス」と答える。

そこで俺は遊び半分にテストする。ターゲットに「筋肉がどれだけついたか見せて」と頼むのだ。彼女はひじを曲げてポパイのポーズを取り、力こぶを見せようとするだろう。そこで俺は相手の二の腕を軽くつまみ、筋肉の付き具合を確かめるふりをする。そして「さあ、腕に力を入れていいよ……遠慮しないで」と言ってからかう。ターゲットが力を入れているのに、筋肉が貧弱すぎて分からないというのがオチだ（このゲームはナンパ師のカリスマ、通称〝ミステリー〟が考案した）。

次に俺は自ら力こぶを作りながら、ジムではトレーニングの鬼として通っていること、小さな子供に恐れられていることを話す。オプションとして「筋肉がつきすぎたから、今はトレーニングを中断してるんだ」と加えてもいい。とくに体格に自信がない場合はこのジョークが有効だ。

牽制球を送るという手もある。例えば、「バラエティ番組、好きでしょ？　図星？」というふうに。

そしてニッコリしながら「最近はテレビをめっきり見なくなったな。くだらない番組は卒業したよ」と続ける。質問の内容は、女の子に何を求めているかによる。企業面接で採用担当者が経歴を尋ねるのと同じである。自分が求める条件について、ターゲットに明るく、やんわり尋ねてみよう。そのあとで、その条件について面白おかしく説明する。

俺の場合はターゲットがどこに住んでいるのか尋ねることにしている。デートにこぎつけても、何時間もかけて迎えに行くのは面倒だからだ。質問のあとは、雪男の話を引き合いにしながら、長距離恋愛は伝説と同じであることを説明する。

お互いの出身地が違う場合は、ターゲットの故郷について質問してみよう。その答えを足がかりにして、お互いが現在住んでいるところに話題を移す。その町の好きなところや嫌いなところを挙げていけば、会話はおのずと弾む。10～20分が経過したら、〝適性検査〟の質問を振る。会話が盛り上がってから質問したほうがインパクトは大きい。

テーマ〝変化球〟

これは会話が立ち行かなくなったときに投げる突飛な質問だ。ムチャ振りされた女の子はどう反応するか、それを確かめるいい機会でもある。例えば、ローマ帝国が滅びた要因はどこにあるのかと質問し、「映画の『グラディエーター』によるとね――」と話をつなぐ。「人間をいちばん人間らしく描いたのは何世紀の絵画か」「〝寝耳に水〟とはどういう意味か」でもいい。複数のターゲットに試して反応が良ければ、レパートリーに加える。こういう質問はアプローチ中の息抜きにもなる。

下ネタはNG

お勧めできないのは下ネタだ。アダルト動画や好きな体位を話題にしたからといってナンパが失敗するとはかぎらないが、古い友達の言葉が今も頭から離れない。奴はこう言った。「セックスの話をする男ほど、セックスのチャンスに恵まれないもんだ」

セックスのあとなら、多少はエッチな話をするほうが好ましいが、セックスする前から話題にしてもプラスにならない。「バージンだからセックスの意味も分からないわ」ととぼけられたら、それで終わりだ。しかし、これは経験不足の男には朗報である。自分からセックスの話をしなければ、ターゲットも話題にしないだろう。

キーワードだけ覚えて臨め

テーマは会話の潤滑油だ。リアルタイムの会話には台本も暗記も必要ないので、いくつかの話題とキーワードを用意して臨めばいい。あとは頭を使って会話が弾むように努める。ここで紹介したテーマは話が途切れるのを防ぎ、男の魅力をアピールする材料にもなる。ひとつの話題から次の話題へと会話がスムーズに進めば理想的だが、もし気まずい沈黙が流れたら、とりあえず思いついたことを口にしよう。多少脈絡に欠けていても、会話が途切れるよりはましである。

ナンパの要領を覚えるのが早い奴はもともと話し好きだ。普段のしゃべりを目的と相手に合わせて変えるだけですんでしまう。もともと口数の少ない男は口数を増やすように努めたほうがいい。というのも、ナンパの話芸は漫談よりも即興芸に近いからだ。即興芸人は同じ文句を二度と繰り返さないが、それでもステージに立つときは定番のジョークや決まり文句といった小道具をいくつも用意していく。

即興芸人とナンパ師の違いは最終的な目的だけ。前者の目的が人を笑わすことなら、後者のそれは女と寝ることだ。ここで紹介したセリフやフレーズの実例は大部分がジョーク交じりではあるが、その目的はターゲットの気を引き、笑わせ、会話に引き込むことにあるのを忘れてはいけない。

その会話の中で**自分の見解、ウィット、体験を織り込み、自分の価値をアピールするのが第一の目的**だ。そしてジョークは、ソリの合わない女の子をふるいにかけるのにも役立つ。目の前のターゲットが冗談を理解しないときは、ターゲットを変えろというサインだ。もっとユーモアの分かる、ノリのいい女の子を探そう。

実例として挙げた俺のネタやセリフはそのまま覚えて使いたくなるかもしれない。しかし、当の俺でさえも同じ文句を同じように言えた試しがない。セリフは常に変化し、進化する。例外は台本のある〝ひとつ話〟だけだ。型が決まっているのは、すでに完成されているからである。テーマやひとつ話を記憶するのが難しいなら、自分のスマホにカンペを送信し、保存しておく。これならアプローチ中にカンニングしてもバレる心配はないだろう。

ひとつ話

ひとつ話は台本どおりのネタであり、ターゲットを魅了するのに効果を発揮する。つかみやテーマは流動的で短いが、ひとつ話は長く、型があり、言い回しが難しい。ここでは2種類のひとつ話を紹介しよう。どちらも俺が使い込んだものなので試してみる価値は高いはずだ。デート中のひとつ話については次章で触れる。

女性の意見を求めているふり

世紀をまたいで語り継がれてきた不朽の名作が〝女性の意見〟を求めるひとつ話。「ねえ。女性の意見を聞きたいんだけど」というセリフでスタートする。続いて質問を投げ、質問するに至った事情を余すところなく説明し、相手から実のある回答を得る。ポイントは質問ではなく、事情説明のほうだ。ここがユーモアと自信をアピールする見せ場になる。

俺が決まって使うのは口ひげに関するひとつ話。「口ひげを生やそうかと思っているんだ。俺が生やせばトレンドになるのは分かっているんだけど、どういう口ひげがいいのか迷っちゃって。上に向かってハネてるのがいいのか、それとも下向きがいいかな?」

それを聞いた女の子は笑い出し、「口ひげなんてやめなさい」と意見する。そこで俺は、「男たるもの顔にカミソリを当ててはならない」と返す。ここでも、ジョークや皮肉を言うときは笑みを浮かべるのを忘れないこと。会話が続くように、質問に工夫を凝らそう。

もう一例。「俺の友達がリストラに遭っちゃって、今は近所の高校で清掃の仕事をしてるんだけど、それを意中の女の子に正直に言うべきかどうか悩んでる。やっぱりウソついたほうがいいのかな？」。オプションとして「性格さえ良かったら、清掃員の男とつき合う？」と追加してもいい。相手が答えに詰まったら、軽くひやかす。ひとつ話の内容は実話でなくてもかまわないが、事実に近いほうが覚えやすいだろう。

「別れよう」

次は俺の自信作。ポジティブなオーラを演出できるのでアプローチのたびに必ず使う。名づけて〝別れよう〟。繰り出すタイミングは会話が始まって5～10分後がベストだ。ターゲットとのやりとりが軌道に乗ったころを見計らう。

まずは、お互いの意見が分かれそうな質問を投げる。俺は猫が好きだが、女の子はだいたいが犬好きなので、唐突にこう切り出す。「君は猫派？　犬派？」。相手が自分と同じ猫派だったら、ここでいったん中断する。しかし、犬派だったら（たいていは犬派）がっかりした顔をして「ああ、そうか。それは残念。俺は猫派なんだ」と続け、ここからひとつ話をスタートする。

「いい知らせと悪い知らせがある。悪い知らせは、俺たちはうまくいかないってことだ。もう別れるしかないよ」。そして失意の表情を浮かべる。たいていの女の子はここで笑い出すが、なかには乗ってくる子もいて、「ええっ、ウソ！　私どうすればいいの？」と応じてくれることがある。そうしたら「分かってるよ。未練を断ち切るのはつらいと思う。俺みたいな男には二度と出会えないだろうから。でも何年かすれば、代わりの男がきっと見つかるよ」。あるいは「今まで本当に楽しかった。つらい決断だけど、こうするのがお互いのためなんだ」とアレンジしてもいい。

ロールプレイがひととおり終わったところで、いい知らせを宣言する。「だけど、いい知らせもある。昨日、車両保険を更新したらかなり安くなったよ！」。俺のひとつ話に代表作があるとすれば、これだ。ぜひ使ってみてほしい。

もし好きな動物が同じだったら「別れるしかない」理由を新たに探さなくてはいけない。俺は相手の年齢をネタにすることがある。お互いの歳が2～3才離れている場合に有効だ。何をネタにしようと、別れる理由になればそれでいい。さきほど紹介した〝適性〟に関する質問（「料理できる？」）も使える。

最初のうちは台本どおりの語りに抵抗を感じるかもしれない。しかし、考えてみれば、誰もがすでにひとつ話を持っているのではないか。**同じエピソードを2人以上の人間に話したことがあるなら、それはひとつ話だ**。確実にウケを狙えるから繰り返し話したのだろう。

同じ理由で、あるコメントを繰り返し使ったら、それもひとつ話だ。つかみとひとつ話の合わせ技によって女の子が喜ぶ会話が生まれる。そして、彼女たちが望むものを提供できる――それはユニークな男が放つ楽しいオーラだ。

語るときの注意点

ひとつ話の唯一の難点は〝語り〟が〝復唱〟になりがちなこと。宙を見つめて覚えた話を暗誦していると、だんだん早口になり、アイコンタクトを忘れてしまう。しゃべるペースを守り、相手の目を見ながら話せば、ひとつ話をしているとは気づかれない。たとえ気づかれたとしても、楽しい会話が続けば、相手は気にしないだろう。

会話をリードし、ひとつ話を披露するなかでジョークを交えるチャンスはたくさんあるが、くれぐれも自分の冗談に笑わないこと。あちこちで見かける〝残念な男〟の共通点は、人の反応にはおかまいなしに、自分の話に自分でウケてしまうことだ。それは自信の欠如を物語る。ジョークを飛ばして女の子が笑わなかったら、自分で笑ってはいけない。ウケない冗談やセリフを繰り返してもいけない。むしろ、レパートリーから外すべきだ。

台本を作ってみよう

ひとつ話の主旨が分かったら、オリジナルを創作してみよう。その場合の出だしは、女の子が理解できるテーマについての考察、発見であることが好ましい。例えば、バーで出会う女の子は暗がりにいるほうがきれいに見えることに気づき、ひとつ話のイントロとして使えるかどうか試したい。そこで、気づいたことを質問という形でターゲットにぶつけてみる。ターゲットがコメントを返したら、気づきに至った経緯や詳細をユーモアを交えて話す。

例えば、「このあたりのバーやクラブはだいたい制覇したけど、印象に残ったのは照明を極力控えている店だね。みんな美人に見えるから、こうして暗い店に通っているんだ。なんだか北欧を旅したときを思い出すよ。ひとつだけ困るのは、暗い店で知り合った美女とはずっと暗いところでデートしなくちゃいけないってことだ」

この話によって、自分が旅慣れていること、ナイトスポットを知り尽くしていること、女性の美しさに敏感であることをアピールできる。

ひとつ話は自分の見所をやんわりと嫌味なく伝える手段だ。俺は新作を思いつくと、何回か実演して女の子の反応をチェックする――この話は会話を盛り上げるきっかけになるか、この話から別の話題にスムーズに移れるか。合格だったら、レパートリーに加える。そうでなければ、切り捨てて、別のひとつ話を試す。

女の子が涙を流して笑うようなヒット作を思いついたら、それはそれで結構だ。しかし、ひとつ話を披露する目的はあくまでも会話をつなぎ、ターゲットを魅了し、自分の考えやウィットやユーモアセンスをアピールすることにある。地味なひとつ話も用意しよう。盛り上がる話ばかり連発していたら、ターゲットに〝芸人〟扱いされる恐れがある。クラブのＤＪのように、つまらない曲を交ぜてメリハリをつけることで、いい曲が〝いっそう〟いい曲に聞こえる。

ひとつ話を仕込んでおくと最初の30分で沈黙を作らずにすむ。そればかりか自分の見所を最大限にアピールできる。自分の考え、意見、身上をまとめて伝えるのに、これほど優れた手段はない。語り口調もすぐにこなれてくるだろう。

ほめない、けなさない

ここまで紹介してきた俺の持ちネタにはストレートなほめ言葉が含まれていない。ほめるのに適したTPOというのがある。「今夜はきれいだよ」などと言っていいのは、相手の好意を確信できるデート中のことだ。

しかし、出会ったばかりのターゲットをほめたたえても、へりくだりかヨイショと受け取られかねない。とくにルックスを賞賛してはダメ。「きれい」「かわいい」は〝禁句〟だ。自分よりも相手の株を上げることになってしまう。もちろん、自分のルックスがターゲットを上回っているなら話は別だが……。ほめないことは有利に働く。女なら誰もが欲しい〝ごほうび〟を、待ち望んでいるひと言をおあずけにできるからだ。

ついでに言えば、相手に対する好意や気持ちを口に出すのも禁物である。「好き」とか「特別な感情がある」とかは口が裂けても言ってはいけない。ベータ系の男が抱える深刻な問題は、女友達に友情を超えた気持ちを伝えてしまうこと。しかも、何の見返りもないのを承知のうえでである。自分の気持ちを訴えて意中の女をゲットできるのは映画の中だけだ。

ダイレクトに口説いてはいけない。女の子に歩み寄り、「かわいいね」とは言わない。ほめることなく、それとなく口説く。相手はこちらの気持ちがはっきりとは読めない。自分に気があるかどうか定かでないから、こちらの真意をいちいち探らなくてはいけなくなる。こちらは何かを隠しているわけではない――あいまいにしているだけだ。

ただし、行動まであいまいにしようとは思わないこと。電話番号を聞き出し、デートに誘い、キスするときに遠慮は無用だ。カフェのウェイトレスに声をかけるとき、本当はバーに誘いたいのに、「写真を送りたいからメアドを教えて」などと言ってはいけない。素直に「飲みに行かない？」と誘えばいい。同僚の女の子（所属部署が離れていることを願う）をランチに誘うとき、じつは下心があるのに、仕事を口実にしてはいけない。ただ「ランチに行こうよ」と言う。口実は必要ない。

女の子に面と向かって「やりたい」とは言わないが、その欲求を隠しもしない。モットーは〝下心は確かに、言葉はあいまいに、行動はストレートに〟だ。その3つのバランスを上手に取るには経験を重ねるしかない。俺はクラブで女の子と話をするとき、相手の腰にタッチしながら「俺と君は相性が悪そうだな」とからかってみせる。

〝けなす〟のも禁止

〝ほめる〟の反対は〝けなす〟だが、これも避けなければいけない。仮に賞賛＝1点、侮辱＝10点とすると、これまで挙げてきたアプローチの文句は平均すると6点くらいだろう。6点セリフの狙いは、ターゲットを特別視していないことをターゲットに知らしめることにある。本音は逆でも、そう演出することが大切だ。相手をいちいち持ち上げていたら、勘違いを起こされて、しまいにはセックスがお預けになってしまう。

例えば、年上のターゲットに向かって「歳が違いすぎて恋愛の対象にならない」と言ったら失礼だろう。しかし、そのセリフが明るいやりとりの中で出たものであれば、ジョークと受け止められる。重要なのは前後の文脈だ。退屈な政治の話を延々としたあとに、いきなり「歳が……」と言えば、ターゲットは気を悪くするに違いない。しかし、ジョークの途中で出た発言なら、キャラクターにめんじて許されるだろう。

こちらの冗談をまともに受けて「この男、何様のつもり？」とムッとする女の子もいる。俺は冗談の通じない相手に謝りはしないが、同じ地雷を踏むこともしない。そういうときは相性とセリフのどちらが悪いかを考える。俺の発言がまずかったのか、それとも通じるはずのジョークを彼女が理解しなかったのか。そして判定タイムに入る――このまま会話を続けるべきか、もっと楽しい話し相手を探すほうがいいのか。

「今のは冗談だよ」とフォローすれば、相手に許しを請うことになる。だから、冗談の通じないターゲットは見限るのがいちばんだ。6点セリフのキモはターゲットの意識をアラに向けさせることだが、それはターゲット自身のアラであって、こちらのアラではない。批判をする立場に立つことでゲームを有利に展開できる。

ほめるなら遠まわしに

遠まわしにほめる方法として、第一印象を題材にしたひとつ話がある。これはターゲットのマイナス面（マイナス面があまりないとしても）に注目していることをアピールするのに好都合だ。このひとつ話はとびきり美人の子に使いたい。容姿が人並みで自己評価が低い女の子には手厳しいからだ。

シナリオはこう。「君ってツンケンした感じなのかなと思ったけど、こうして話してみると、ぜんぜん違うな」。相手は目を丸くして、どうしてそう思うのか尋ねるだろう。その場合は「いや、だから『そう思った』と言ったんだ。あくまでも第一印象だよ。だけど、そうじゃないと分かってホッとした」

相手の脈を計る

本題に入る前に、悪いニュースを伝えなくてはいけない――**アプローチはほとんどが不発に終わる**。こちらはターゲットの好みではないかもしれない。ターゲットは交際中かもしれないし、ほかの男に夢中かもしれない。生理中かもしれないし、こちらのヘアスタイルが気に入らないかもしれない。ほかにも原因はごまんと考えられるが、その大半は仕方のないことだ。

日によっては5人目にして、ようやくつかみにこぎつけることもある。しかし、それでも油断は禁物だ。つかんだあとにケンカを売られたり、バカにされたり、反論されたりする可能性もある（相手がケンカ腰になってきたら「あれ、ずいぶん突っかかるね。いつもそうなの?」とかわす)。思うようなリアクションが返ってこないときは退場することだ。

1人の女の子のためにその日(夜)の気分を台なしにされてはたまらない。さっさと気を取り直して、もっと開放的な女の子を探すことだ。ある程度の場数を踏んで小さな成功を積み重ねていけば、〝当初よりは〟不発に終わることも少なくなるだろう。険しい道のりだが、それが一生もののスキルを習得する唯一の方法だ。

質問される

脈のある女の子は、個人的なことを尋ねてくる。それがターゲットの好意をはかる何よりのバロメーター。体を許すかもしれない相手だからこそ、もっと知りたいと思うのだ。ターゲットからの質問はアプローチがうまくいっていることを示すと同時に、こちらの見所をさらにアピールする機会になる。

こちらに好意をもった女の子は、**まず名前を聞いてくる**。正直に答えて、自分も彼女の名前を聞く。俺は相手よりも先に名前を聞くことはしない。そんなことをしたら、相手にどう思われているかを確かめる機会を失ってしまうからだ(1時間しゃべっていても名前を聞かれないのは、楽しい話し相手としか思われていない証拠)。女の子が初対面の男に尋ねることはだいたい予想できる。つまり、最上の答えを用意しておくことが可能だ。

名前の次はほぼ間違いなく**「どんな仕事をしているの?」**。この質問はオリジナリティに欠けるので好きになれない。肩書きの話は会話の中で自然に出てくるべきだ。しばらく言葉を交わせば、相手の職業は察しがつくだろう。なのに女の子は、まず勤務先と推定年収で男を品定めしたがる。

男はそれについて聞かれると、会社の名刺をちらつかせたり、部下の数を自慢したりして、めいっぱい格好をつけようとするが、要するにステータスを頼りに女を落とそうという寸法だ。しかし、その手が通用するのは芸能人か著名人だけである。

「仕事は?」と聞かれたら、品定めは無用といわんばかりの答えを返す。俺はこの質問で遊ぶのが好きだから、ふざけたリアクションを数パターン用意している。そのひとつが「目下、失業中だよ。ほぼ1日中、実家の屋根裏部屋にこもってネットの掲示板を見てるんだ。あとは本屋で立ち読みするくらいかな。図書館の本は汚いからね」

相手は話の真偽を確かめてくるだろう。そうしたら「本当だよ」と言ってニッコリ笑う。真実を言いたくなっても、ぐっとこらえる。それでも相手が食い下がってきたら、「さっき知り合ったばかりじゃない。仕事なんか聞いてどうするの? おしゃべりだけじゃ物足りない?」とはぐらかす。相手は何か隠していると勘ぐるだろうが、それでいい。どことなくミステリアスで怪しげな雰囲気は女の子の興味をそそるからだ。

もうひとつのパターンは「大地とともに生きている」という答え。相手が「どういう意味?」と聞き返すのを待って、こう言う。「小さな畑を持っているから、そこで有機野菜を栽培してる。地元の朝市では手に入らない品種を作っているんだ。その儲けで、こうして君と飲んでいるってわけ。じつにつつましい生活だよ」。疑われたら、「バカにしてるの？」と応酬し、有機野菜（バターレタスやスイカ）の栽培方法を適当に説明する。

名前以外の個人情報は出し惜しみするほうがいい。玉の輿を狙う女は、欲しい情報が手に入らないと分かると態度を一変させることがある。〝まずは〟相手の仕事を知ってからでないと、1分たりとも口をきく気になれないようだ。俺は、そういうタイプにはお引き取り願うことにしている。肩書きの分かる相手としか話ができないのは、セックスに興味のない女の子だ。

次に聞かれるのは年齢だろう。この質問には「当ててみて」と応じる。まともな答えを返していては男と女のやりとりは盛り上がらない。ここでもミステリアスで怪しげな空気をまとい、ターゲットに知る努力をさせること。このテクニックを使うと会話がつながるだけでなく、〝面接モード〟から抜け出せる。

住所と名前を教える以外は、おもしろい答えを思いつくまで「当ててみて」で通す。なかには「試されるのは嫌い」「クイズは好きじゃない」と言う女の子もいる。その真意は「私の質問に私の望むとおりに答えなさい」ということ。こういうタイプは自分の都合ばかりか、自分の流儀を押しつける。

感触がいまいちつかめないときは

アプローチの感触はターゲットの質問を待たないと分からないものだ。最初はこちらが一方的にしゃべって会話をリードしなければいけないが、そんなときでも**相手が楽しそうにしているかどうか見極める**ことが大切だ。そうでないと時間の無駄になる。

人は苦手な相手と話をするとき、よそよそしい態度を取るものだ。顔をそらし、なるべく目を合わせないようにして、必要最小限のことしか言わない。あらゆる手を使って早く話を切り上げようとするだろう。質問はまずしない。相手を調子に乗せてはたまらないからだ。ターゲットも会話がスタートした直後は同様の態度を見せることがある。これはノーマルな反応で、必ずしも会話を苦痛に感じているとは限らない。初対面の男を警戒しているだけかもしれない。

それを確かめるには、しばらく話を続けてターゲットが退屈していないかを観察すること。そうすれば、あきらめるのが早すぎたというミスを防げる。ターゲットは本当は人見知りなのかもしれないし、近くにいる友達に遠慮しているのかもしれない。

それでも感触がつかみきれないときは「自分は相手にされているか」と自問してみる。ターゲットは自分のことをおもしろい人、ユニークな経験や考えの持ち主と考えているか。こちらの目を見て、あいづちを打っているか。彼女との会話は苦よりも楽のほうが大きいか。

答えがノーだったら、ためらうことなく話を切り上げて、次のターゲットを探す。普通はそうするまでもない。ターゲットのほうが先にそっぽを向くか、友達のところに戻ると言い出すはずだ。

ターゲットが個人的なことを聞いてきたり、目をそらさなかったり、話を合わせたりしたら、もう迷いは無用だ。セックスを視野に入れてアプローチを進めよう。

痛い質問のひとつが「あなた、芸人?」だ。新しいネタを試しているときに、そう聞かれることがある。質問した女の子は〝あなたの話、うそっぽく聞こえるわよ〟と言いたいのだろう。話が出来すぎていて盗作と思われたか、あるいは会話よりも独演会のノリになってしまったのかもしれない。

ひとつ話ばかりでテーマを使わないと、こういう問題が起きる。もっとも、暗記できるひとつ話は限られているから、こういう質問はめったにないだろう。

ウケを狙うのは結構だが、ユーモアは目的のための手段にすぎないことを肝に命じたい。女の子を楽しませ、笑わせているのにコミュニケーションが一方通行になっていると感じたら、ひとつ話はやめにして、カジュアルな会話に徹しよう。

ボディランゲージを見る

ターゲットのボディランゲージはこちらへの関心度を示すバロメーターになる。会話の途中でターゲットの態度に変化が生じ、腕を組んだり、横を向いたりといったよからぬサインが表れたら、戦術を変えたほうがいい。

しかし、こちら(あるいはターゲット自身)の体に頻繁に触れるようになったら、それはかなり気があるサインだから、アプローチを加速させる。ターゲットのボディランゲージに注目する理由はただひとつ。セックスめがけてアクセルを踏み込むタイミングをうかがうためだ。

反省会は夜が終わったらやること

1人のターゲットをその気にできなかったとしても心配はいらない。戦意があるかぎり、1日が終わるまでには、まだまだチャンスがある。ナンパというゲームは買い手市場を前提としている。抱かれるのを待っているハイレベルなシングルガールが市場に余っているという認識だ。しかしモテない男は売り手市場を前提に考える。だから〝特定の〟女の子が手に入らないと、この世の終わりのように感じてしまう。

ターゲットにアプローチしたものの、興味を引くことができずに退散せざるを得なかった――その反省は1日が終わってからにしよう。不発に終わった原因はすぐに探りたくなるものだが、それでは貴重なアプローチの時間が減ってしまう。自分に落ち度がなかった場合はなおさらだ。

家に帰ったら1日を総括する。一つひとつの場面を振り返り、もっとうまい方法があったのではないか検証しよう。ひと言で女の子をドン引きさせてしまった場面もあれば、そうでない場面もたくさんあったはずだ。いずれにせよ、うまくいった戦術には磨きをかけよう。

俺はこうした検証を通して、ジョークを言いすぎた、しゃべりすぎたと反省することがある。簡単に見切りをつけてしまった、早々に手の内を見せてしまったと思うときもある。ただし、自分をあまり責めてはいけない。次回の改善点として心にとどめておく程度で十分だ。こうした検証を幾度となく繰り返すうちに、最善のゲームを無理なく展開できるようになる。

スキンシップしてみる

ターゲットがこちらに関心を示し始めたら、ゲームを加速させる奥の手――スキンシップの出番だ。話術やキャラクターは興味を引くのに効果があるが、スキンシップは距離を縮めるのに有効だ。また、愛情表現が豊かで女に手馴れているというイメージを演出することもできる。

スキンシップの取り方は店によって変わるが、仮にアルコールが出てくる場所で行うと仮定しよう。俺の場合、ターゲットに脈がある（質問をしてくる）ことが分かったら、その10分後にスキンシップを開始する。

まずは相手のウエストを片手で触れる。触れるのは1～2秒にとどめ、相手の反応をうかがう。嫌がったり、妙に気にしたりする素振りがなければ（たぶんない）、数分おいてから、同じところをタッチし、今度は10秒まで延長する。そして、また数分おいたあと、今度は30秒間タッチ。最初のタッチから45分ほど経過したあたりで、ウエストに手を当てたままにする。

ほとんどの女の子は何も言わないが、たまに「この手は何？」と突っ込まれることがある。そのときは、しれっと「君の腰にタッチしてるんだ」と言えばいい。手を離すことなく、堂々としていること。相手が体をよじったり、手を払いのけたりすれば別だが、興味のない男に触られたわけではないから、嫌がられることはまずない。

ここをクリアすれば、次の段階にスムーズに進めるだろう。ボディタッチを始めて1時間たったら、手の位置をずらす。まずは腰の中央、次はヒップだ。

ヒップタッチのオプションとして両手タッチがある。ターゲットが暴言、失言、迷言をしたときがチャンスだ。ヒップの両脇を両手で挟み、ターゲットの体を自分に引き寄せながら、「何だって⁉」と驚いてみせる。そのときは相手の目をじっと見つめること。数秒したら、力を抜き、両手を離す。

ただし、ヒップタッチは座っているときやカフェのような店にいるときは無理がある。その場合はターゲットのアクセサリーに言及しながら手首や手にタッチする。ブレスレットや指輪に目を奪われたふりをして、それに触れながら、このアクセサリーにはどんな思い入れがあるのか聞いてみる。手を離すときは少し名残惜しそうにするといい。

これだけでは前戯の代わりにならないが、本番を迎えたときの練習にはなる。スキンシップの重要性はキスするときに増すが、その説明はあとに譲ろう。

外部要因の災難

場所がうるさい

アプローチ中にとんだ災難に遭い、声をかけることさえ難しくなるようなことがある。そのひとつが喧騒だ。騒がしいクラブに2~3時間もいると耳が麻痺してくる。「何だって?」と聞き返していたら会話が失速してしまうから、相手の言うことが聞き取れなかったときは相手の表情をまね、うなずくのがいいだろう。ただし、肯定してはいけないところでうなずいてはまずいので、注意が必要だ。

喧騒に対抗するには踊るのがいちばん。ターゲットと10～15分くらい話したら、相手の手を取って「踊ろう」と誘う。「踊らない？」のような質問形にはしないこと。

妨害してくる友達、ライバル

災難の2つ目は妨害行為だ。口説いている最中にこれをやられると最高にムカつくが、それは手の打ちようがないからである。ターゲットはよほどこちらに興味がないと、不細工な女友達に連れ戻されてしまう。あと少しで完全に落とせたのにと思うと悔しい。

要するに、妨害行為はセックスのチャンスを潰すと同時に、応戦の機会をほとんど与えてくれない。しかし、防止に努めることは可能だ。邪魔者の気配を感じたら、こんなひとつ話を披露する。

「あっちにいる君の友達、これから何をするか当ててみようか。3分以内に君を連れ戻しにここまで来るよ。なんでだと思う？　彼女、いい男と立ち話してる？　してないよね。もし好みの男に声をかけられていたら、俺たちのことなんかかまわないはずだ。どうして女の子は友達が楽しくしてるのを邪魔するんだろう。俺には分からないなあ」

ポイントは**〝友達に楽しい時間を奪われてしまう〟という意識をターゲットに植えつける**こと。

男に妨害されることはほとんどない。普通の男はルールをわきまえている。ところが、ナンパする男に我慢ならないという奴にときどき遭遇する。そういう男は自分の存在を誇示することが目的だったりする。だから、ちょっと立ち話をして、名前のひとつも聞いてやれば、敵意を和らげることができる。

基本的に、妨害してくる相手には友好的に接するのがいちばんだ。そのかわり、自分から話しかけてはいけない。相手を調子に乗せてはまずいからである。我が身を振り返っても、ほかの男がうまくやっているのを見かけると、反射的に危機感をおぼえるか、ねたましく感じるだろう。それは当然の心理だ。

ナンパも一種の競技だから、すべてがゼロサムに思える。すなわち相手の得点は自分の失点と錯覚してしまう。しかし、そんな考えではプレーヤーとして成長が遅くなるだけだ。ライバルを敬遠したりねたんだりせずに、見習う姿勢が必要だ。ほかのプレーヤーを観察し、質問する。手本にしたいセリフやテクニックがひとつはあるものだ。

狙っている女の子にしつこく言い寄る男がいたら、「彼女のこと好き?」とあえて話しかける。淡々とした調子で、興味本位で聞いているふうを装う。男が「そうだ」と認めたら、「だったら1杯おごってやれよ!」と言って追い詰めてやればいい。男が言われたとおりに酒をおごったら、バーによくいる情けない男に見えるし、おごらなかったら、好きと宣言した手前、格好がつかない。

男が「彼女はタイプじゃない」と言い訳したり、返事に詰まったりしたときは「まあ、ほかにも女の子は大勢いるからね。しばらく探せば、タイプの子がきっと見つかるよ。頑張れ!」と激励する。これで男は完敗である。アドバイスを受けた形になるからだ。どうにか取りつくろって「べつに、ナンパしにきたわけじゃない」とか何とか言うだろうが、ただの負け惜しみだ。こういう男に怒鳴ったり威嚇したりする必要はない。邪魔者がいなくなったら、ゲームを再開しよう。

割り込み

３つ目の災難は割り込みだ。ターゲットに声をかけ、アプローチがうまくいきかけたところに、突然ターゲットの知り合いが入ってきて、別の話を始めてしまうというパターンである。こういう場合は、つまはじきにされないように先手を打つのが得策だ。

ターゲットが、出会ったばかりの、しかも名前さえ知らない男を知り合いに紹介することはないだろう。そこで、ふたりが話し始めて約10秒後に、自分から知り合いに握手を求め、自己紹介する。知り合いが男でも女でも同様にしよう。

ふたりの会話は内輪話になるはずだから、こちらが入る余地はほとんどないだろう。そこで、**ふたりの会話がいつまで続くか予想して身の振り方を決めなくてはいけない**。そうでないと、２人の会話が終わるのをじっと待っているだけになってしまう。ふたりが話に熱中し、会話に入れてもらえない状態が数分続いたら、そのときはニッコリ笑って「再会を楽しんで」と言い残し、その場を去る。ターゲットには戻ってくるともこないとも言わないほうがいい。アプローチは終わったものと割り切って、ターゲットを深追いしないこと。

実際に二度目のチャンスはまずない。気を取り直してほかの女の子にアプローチし、ターゲットが後悔することを祈ろう。もしターゲットと再び鉢合わせをして、彼女が目をそらさなかったら、アプローチを再開してもオーケーだ。

そのときは彼女の姿をさりげなく目に留め、微笑みながら「まだいたの？」と切り出す。そのあとは初対面のつもりで会話を始める——つまり、再びつかみから入り、会話を盛り上げ、ブランクの間に失った熱気を取り戻さなくてはいけない。

アプローチをやり直す価値はあるが、中断する原因になった災難に再び遭わないともかぎらない。できれば、アプローチは中断することなく一気に進めたい。そうすれば、やり直す必要もないのである。もしターゲットのほうから再び接近してきたときは、かなり脈があると思って間違いない。

ターゲットからの「お願い」

たまにぶつかる難しい局面がある。話し始めて数分後、ターゲットからグラスか上着を「持っていて」と頼まれたときだ。

お安い御用と思うかもしれないが、アプローチの場面では重大な意味がある。肝に銘じてほしい——こちらはドリンクホルダーやコート掛けじゃない。人のモノを預かる義理はないのだ。そもそも両手に持ちきれないものを持っているのが間違いである。友達とバーに行って、上着を持たせる奴がどこにいる？

ともあれ、話し始めて10分もしないうちに何か持つように言われたら、黙って首を振ること。相手は信じられないという表情をするだろう。そのときは「だって、君とは初対面だよ」と言って、ニヤりとすればいい。相手があきれた顔をすると、つい言い訳したくなるが、そこはこらえる。山のごとく動じずに、何事もなかったかのように会話を続ける。

こういう女の子はいわゆる〝かまってちゃん〟で、誰にでもいいからわがままを聞いてほしいのだ。本当に脈がある子は、その逆である。こちらを煩わすようなことはほとんど言わない。

会話を始めて15分以上が経過し、話も弾んでいる――そのタイミングで頼みごとをされたら、ケースバイケースで判断しよう。相手の反応がいいので、気持ちよく頼みを聞いてやりたいと思ったら、そうすればいい。ただし、頼みを聞く前に恩を着せるのを忘れないこと。「知り合ったばかりなのに、もうこき使うの？」とでも言っておく。

〝是が非でも〟やってはいけないのが、相手がトイレに立っているあいだ、荷物を預かることだ。女の子がトイレから戻ってくるまでには最低でも5分はかかる。そのあいだ女物の上着を持って突っ立っているのは情けない。

それと同じくらいに野暮なのが、初対面の女の子に酒をおごることだ。これもやってはいけない。第一に、それでは〝何かおごらないと女の子に相手にしてもらえない〟というメッセージを発信してしまう。女心をつかむ自信がないので、そのかわりに金を使うしかないと言っているようなものだ。

第二に、ちまたには見ず知らずの男におごらせることをゲームにしている一派がいる。そういう女たちは身分証だけを持って出かける。それ以外は何も持たない。喜んでサイフを開くカモがたくさんいることを知っているからである。

第三に、1杯おごるのはあまりにも陳腐だ。「この店にはよく来るの？」と聞くほうがまだましである。使い古された手は使わないように注意しよう。

ねだる女は荷物を持たせる女よりもタチが悪い。前者の目的は出会いではなく、タダ酒だ。こういうタイプは駆け引きが好きで、自己顕示欲が強い。「おごって」と言われたら、こんなふうに返す。「偶然だね。俺も同じことを言おうとしてたんだよ」「悪いけど、ゆうべ風俗嬢とクスリに有り金をはたいちゃったんだ。そうでなかったら、何杯でも喜んでおごるんだけど」「この俺が、行きずりの女の子に酒をおごると思う？　勘弁してよ」。俺なら、隣の男を指差してこう言う。「こいつはおごってくれると思うから、頼んでみたら？」。こういう女の子は相手にするだけ時間の無駄だ。

女の子と話している最中に自然とおごりたくなることがある。会話が大いに盛り上がって、ターゲットやその友達に1杯ごちそうしたくなるときだ。気持ちは分かるが、やっぱり俺は勧めない。たとえ動機は純粋であっても、この段階で何かおごってしまうと〝気前のいい男〟という印象を与えてしまうからだ。おごるからには、それなりの見返りがなくてはいけない。タダで笑わせたり飲ませたりしてはダメだ。

酒をおごらずにすむ奥の手がある。俺がよく使う手なのだが、会話が弾んでいる最中に1杯だけオーダーし、ふたりで分け合うのだ。そのときは同じストローから飲むようにする。グラスを差し出して「今夜は深酒できないんだよ」と言えば、ターゲットは納得するはずだ。

こうして、俺が飲んでいるものを分けてやるというメッセージを送る。いつでもグラスを取り上げることができるから、ひと口たりともタダで飲ませることにはならない。「ちょっと、全部飲まないでよ」と冗談を飛ばすといい。相手が急かしたら、グラスを差し出す前に、「待って。病原菌とか持ってないよね？」ともったいぶる。酒の共有は唾液の交換を意味し、ほかの体液を交えるときに向けた準備になる。

酒に限らず、**女の子に何か頼まれたときは、その頼みを聞いてやる義理はあるのか考えてみる**ことだ。十中八九はノーだろう。女の子の頭の中は男に献身させ、自分は楽をするようにプログラムされている。

個人的には、女がねだるのは男の好意を確かめたいからだと思う。自分のカンは当てにできないのではないか。その証拠に、男にモテモテの女の子でも自分の彼氏が〝本気〟かどうか友達に聞いて回っている。頼みを聞くのは最小限にとどめて、気をもたせることが大切だ。

助っ人

最近**〝ウイングマン〟**という言葉が広く使われるようになった。ウィングとはナンパに協力的な友達のことで、その基本的な役目は、自分が目当ての女の子と話すあいだ、その子の連れの話し相手になることだ。

そこからさらに踏み込んで、ウイングマンを〝ナンパの相棒〟と位置づける男もいるが、この位置づけには問題がある。ナンパが失敗したとき、自分のやり方を反省するよりも友達のせいにしたくなるからだ。

仲間の非を責めるな

役に立たなくても、邪魔だけはしない——それが友達の役目というものだろう。おせっかいやバカなひと言でゲームを邪魔されるくらいなら、黙って立っていてくれるほうがありがたい。ゲームの出来は、ウイングマンの良し悪しに関係なく、自分ひとりの腕にかかっている。友達がやらかしたヘマは、予測不能なナンパというゲームのひとコマにすぎない。

友達の非を責めるのは慎むことだ。すぐに友達を責める男は、ナンパ市場を〝供給不足〟と考えているらしい。だから、あいつのせいで女の子とよろしくやるチャンスがパーになったと思うと、今日は終わった、もうかわいい女の子は見つからない、と絶望する。しかし極端な場合を除けば、友達を悪者にするのは一種の責任転嫁である。俺が人のせいにしないのは、その場で事態を収拾できなければ、自分の負けと考えるからだ。

酔った連れがアプローチを妨害してきたら、俺はその時点で会話を仕切り、連れを話の輪から締め出す。あとで文句を言われるかもしれないが、ここで邪魔させるわけにはいかない。女の子と話したければ、面倒がらずに自分でアプローチすればいいのだ。

締め出すときは「こいつ悪酔いしちゃってるよ。ごめんね」とターゲットに断りを入れる。妨害には妨害で対抗するのだ。これで恨みっこなし、翌日はきれいさっぱり水に流せる。そのほうがあとでグチグチ言うよりもずっといい。
腕のいい奴が女を落とすのは当然だ。ゲームの原則を守らない友達とは張り合っても問題はないと思っている。俺が女の子のグループに声をかけたのなら、最初にターゲットを選ぶ権利は俺にある。そして、友達が口説き損ねた女の子が俺に興味を示したら、その子を狙っても違反にならない。勝率を上げるために友達と手を組むのも悪くはないが、ナンパは団体競技ではない。

ルールを決めておく

とはいえ、女の子のグループにアプローチする場合は誰がどの女の子を狙うのか、すり合わせておくことが大切だ。いちばん簡単なのは**アプローチ役が最初に選ぶ権利を持つ**ようにすること。重責を担うのだから当然だろう。狙う女の子がかぶってしまうと、自分も友達も共倒れになり、ターゲットをつけ上がらせる結果に終わってしまう。
あらかじめ決めておきたいルールはもうひとつある。応援に駆けつけるタイミングだ。俺の経験では2分後がベストなので、**アプローチ役がつかみに成功したら、2分後に駆けつけよう**。自分がアプローチを担当したときは2分後にやって来た友達を女の子たちに紹介する。「こいつは連れのスタン。友達のなかでは最高にクールなやつだよ」とでも言い、自分のゲームを続ける。

女性版ウイングマン

美人の女友達をウイングマンに仕立てるのも有効だ。女性版ウイングマン＝ウイングウーマンの役割は君をPRすること。君がこの世で少なくとも1人の女性に受け入れられていることをターゲットに知らしめるのが務めだ。

ただし、ウイングウーマンの活用法はウィングマンとは異なる。ウィングマンには自分の横でターゲット以外の女の子をお守りしてもらうが、ウイングウーマンには社会的な信用度を上げてもらう。そこで店に入ったら、ウイングウーマンとしばらく立ち話をして他の女の子たちに目撃させる。なにやら話し込んでいるふうを装い、ウイングウーマンにときどき体をタッチしてもらう。それからアプローチを開始すれば、ターゲットにすんなり受け入れてもらえるだろう。

ウイングウーマンの仕事はそこまでだ。アプローチにつき合わせるとターゲットと仲良くなってしまい、こちらがつまはじきにされるかもしれない。ウイングウーマンにアプローチを頼むのもダメ。狙った女の子を落とすのは自分の仕事であって、他人任せにしてはいけない。

美人の女友達は嫉妬をあおるのにも効果的。人は理屈よりも感情に反応するものだ。多くの男は理づめで女の関心を引こうとする。高い服を身につけ、眉を整え、高級車に乗り、立派な名刺を用意する。なのに一定の成果しか上がらないのは嫉妬や怒りといった感情に訴えないからである。

女心をつかむには、人と同じ高級車をひけらかすよりも**嫉妬心に火をつける**ことだ。俺の元カノは男に言い寄られた話をしょっちゅうしていた。どこで声をかけられ、どう口説かれたのか笑いながら話すのだが、結末は言わない。彼女がそうやって自分の値打ちをアピールしていることは分かっていたが、それでも俺は〝たしかに値打ちのあるモテる女だ〟と思うしかなかった。

ターゲットもそれと同じで、嫉妬をあおられていると知りながらも、やっぱり嫉妬を感じてしまうのだ。女にモテるとうそぶくのは自重するべきだが、あえて隠す必要もない。女の子に声をかけるのが好きなことをターゲットに知らしめたほうがいい。「軽い男ね」と嫌味を言われたら、「気さくで話し好きなだけだよ」とかわせばいいのだ。

ソロでアプローチしよう

いつでもウイングマンを頼めるとはかぎらない。週末の夜に何も予定がなかったら、ひとりで出かけてみよう。俺はソロで遊びに行くことにすっかり慣れてしまい、おもしろい奴、頼りになる奴、（これがいちばん大事）気のきく奴がつかまらなかったら、単独で出かけることにしている。

昔は誰でもいいから連れが欲しかった。しかし、ナンパはただでさえむずかしい。ソロで行動するのが不安だからって、気のきかない友達を連れていたら、アプローチはますますむずかしくなる。

ソロのデメリット

ソロで出かけると不利な点が2つある。ひとつは、人と話す気分になるまでに10倍くらい時間がかかること。一緒に盛り上がる友達がいれば、浮かれ気分に乗じて女の子に声をかけられるが、ひとりのときはアプローチがいちいち苦行のように思えて、おっくうになる。俺はそんな気分を振り払うべく、自分にノルマ（普通は10人）を課す。そして閉店時間までに、できるだけ多くの女の子に声をかける（調子がいいときは10人を超えることもある）。ソロでアプローチするときはウォーミングアップに3人くらい必要だから、5人で打ち止めにするのは早すぎる。

もうひとつ不利な点は、ターゲットの連れの面倒をみる助っ人がいないことだ。ターゲットを独占するのに時間がかかるし、場合によっては最後まで独占できない。俺にはそんな経験が何度もある。

ターゲットは俺に気があるのに、その子の友達がなかなか去らないので、一瞬しか2人きりになれないこともあった。ターゲットの連れが早く眠くなれば、ターゲットを独占できるが、それでもセックスにありつける保証はない。ときにはひと晩中（翌日の朝まで）、1人のターゲットにかかりきりというケースもあるが、海が近くにあれば、ターゲットを連れ出す口実ができる。「日の出を見に行かない？」と誘えばいい。

問題なのはターゲットの連れが遠巻きに見ているのではなく、話に入ってくる場合だ。そうなると、ターゲットだけに話しかけるわけにはいかず、3枚目に徹して2人を相手にしなくてはいけない。当たり障りのない会話しかできず、口説くこともままならないので、そのうち2人とも離れていく可能性が高い。

ソロのメリット

だが、1人で出かけると自由といううまみが得られる。何をしようが、どこに行こうが自分の勝手。連れに迷惑をかけられることもなければ、アプローチを邪魔されることもない。友達がナンパの役に立つことはほとんどないので、結局はソロがいちばんという結論に達するだろう。1人で行動すると開放感が味わえるし、その晩の収穫にはとりわけ満足できる。

アプローチに成功したら、それは自分ひとりの手柄だ。誰の力も借りなかったことは自信につながる。そして、世界のどこに行っても、女の尻を追い回すのは男の性《さが》なのだとつくづく実感できるだろう。

ソロの注意点「モード切替」

1人で出かけるには、日が暮れる前から〝社交モード〟に気分を切り替えることが大切だ。俺の場合、ソロで遊ぶと決めた日は、昼間のうちから見ず知らずの人と言葉を交わすように努める。相手はコンビニの店員でもいいし、スタバで隣り合わせた家族連れでもかまわない。ウィングマンを連れて行くときは、出かける前にそいつと軽く冗談を交わせば準備は整うが、ソロのときは1日がかりで気合を入れる。少なくとも、パソコンの前でオナニーしてからクラブに行くのだけは避けたい。

ソロの注意点「タイミング」

出かけるタイミングだが、クラブやバーには早めに行こう。いちばん混み合う時間帯の1時間前には到着したい。ピークが夜中の12時だったら、10時半あたりに入店する。理想を言えば、開店直後が望ましい。入店待ちの列に並んでいる客に話しかけよう。相手は男でも女でもかまわない。

気軽に聞ける質問が3つある。ひとつ目は「ここが列の最後尾？」（相手の返事を待って「ああ、ダブル・エキストラ・ゴールド・プラチナムVIPカードを持ってくりゃ良かった。持ってたら、並ばずにすんだのに」）。ふたつ目は「今夜のカバーチャージはいくらかな？」（続いて自虐ネタ「ええ、本当？　だったらママからもっと借りてくるんだった！」）。みっつ目は「今夜はどんなナンバーがかかるかな？」（相手の返事を待って、ドライなギャグをかます「そうか。サルサだといいな。この4カ月、毎日レッスンに通ったからね。それにサルサしか踊れないんだ」）。

定番の段取りはこうだ――列に並んだら、前の客に話しかける。乗ってこないようだったら、今度は振り向いて、後ろの客に違う質問をする。こうして知り合いをつくっておけば、店内に入ってから、その連中のいるところを〝活動拠点〟にできる。

少し話を戻して、どうして早めに入店することが大切なのか説明したい。まず、女の子は男よりも早い時間に来る。クラブに行ったことがあれば分かると思うが、客の男女比が半々になったと思っていると、突然、どこを見ても男だらけという状態になることがある（女は男よりも身支度に時間がかかるが、男はそれ以上に1軒目で〝景気づけ〟するのに時間がかかる）。第二に、早めに入店すれば、いい〝陣地＝スポット〟を確保できる。

ソロの注意点「スポットとマジックタイム」

スポットに関しては自論がある。バーでも、クラブでも、カフェでも、店内の各スポットはチャンスが到来するまでにかかる時間がだいたい決まっている。この時間を〝マジックタイム〟と呼ぶことにしよう。マジックタイムは何かが起きるまでの所要時間だ。

例えば、俺がよく通ったワシントンDCのカフェはマジックタイムが約1時間だった。つまり、1時間粘っていると、アプローチしたい美人が現れる。同じくDCの行きつけのバーだと、テラス席のマジックタイムは20分くらい。リオのクラブの2階ラウンジは、客の回転が早いので、マジックタイムは10分ほどだった。

同じ店内でもスポットによってマジックタイムは変わる。だから、できるだけ早くいいスポットを見つけることが大切なのだ。女子トイレの近くでもいいから、とにかく女の子がよく通ったり、たむろしたりする場所が狙い目だ。

マジックタイムが過ぎても1カ所にとどまること。そうでないと、巡ってくる好機をキャッチできない。男がよくやるミスはバーのはしごとスポットのはしご。**同じ店に1時間いるのにまったくチャンスに恵まれないのは、マジックタイムが来る前にスポットを変えてしまうから**だ。

1カ所にとどまったほうがいい別の理由は、チョロチョロ動くのはみっともないからである。1人で来ている男がウサギのように跳ねながら、あちこちの女の子に言い寄ったら〝あのバカ〟呼ばわりされるだろう。それなら〝おじさん〟と言われるほうが、まだましである。

スポットを確保し、通りがかる女の子だけに声をかければ、アプローチしているようにはまったく見えない。はた目には、女の子から言い寄られているように見える。連れがいれば怪しまれることもないが、ソロの男は信用度ゼロである。だからこそソロのときはクールに振る舞いたい。

スポットにとどまる難点はアプローチの回数が減ることだ。俺の場合、ソロでアプローチする頻度は、混み合うクラブの中でも、15〜20分に1回程度。とはいえ、俺は（少なくとも最初のうちは）選り好みが非常に激しいので、条件に合わない子は相手にしない。

ソロの注意点「同性の知り合い」

さきほど店に入る前に知り合いをつくるように勧めたが、入店後はやめたほうがいい。俺は何度となく苦い経験をしている。店の中で知り合った奴（とくに1人で来ていた奴）が俺の愛想のよさに漬け込んで、アプローチを妨害したのだ。俺の推計ではクラブで出会う男のうち、10人中8人は食わせ者だ。それでも俺は気さくに振る舞うが、アプローチの最中はどんな男も歓迎しない。

クラブで**同性と知り合うなら、女の子たちと連れ立って来ている男**がいい。人品の良い奴と分かったら、軽く雑談したあとにビールの1杯もおごろう。たかが3ドルのビールで思わぬ収穫が得られる。相手はお礼として、連れの女の子を一人ひとり丁寧に紹介してくれるだろう。

それ以外の男（店のスタッフは別として）は、人を見る目によほど自信がない限り、敬遠したほうが無難だ。では、入店前に知り合った男たちとはどう付き合うか。俺は店に入ったら、連中と距離を置く。何度かアプローチしたあとに、連中を見つけてバカ話をしながら、社交モードをキープするように努める。

ソロでも信用度を上げるには、チップを弾むか酒をおごるかして**バーテンと仲良くなる**のも手だ。金で友情を買ってはいけないが、クラブが空いているうちに（せっかく早く来たのだから）顔を覚えてもらう。そのうえで気前よくチップを出せば、ナンパに協力してくれることはまず間違いない。ソロで遊ぶときはケチケチしてはダメ。使える人材に金を惜しんではいけない。投資したぶんはナンパの成功という形で返ってくるだろう。

ソロの注意点「飲みすぎない」

知り合いができてもできなくても、問題はアルコールとアプローチだ。酒の飲みすぎにはくれぐれも注意しよう。最初の2～3杯は口を滑らかにするのに役立つが、話し相手がそばにいないときは、それ以上飲むとかえって口が重くなる。俺の場合、ソロで出かける前の景気づけはせいぜいビール1杯だ。

単独でアプローチするには1回に20分かかるから、目標の10回を達成するのに3～4時間は必要になる。ラストスパートは最高のコンディションで迎えたい。なのに45分おきにお替わりしていたら、ひと晩で6杯以上飲む計算になる――このペースで飲んでいたら、調子を維持することは難しい。

例えば、クラブの中で絶好のスポットを見つけ、グラス片手にカウンターにもたれて立っているとしよう。店の中ではゆったりと、堂々と振る舞うことだ。店のオーナーになったつもりで、店内のようすをチェックする。モニターを見たり、カウンターに座ってバーテンと話したり、ジェームス・ディーンを気取ってじっと宙を見つめてもいい。

ソロは楽しい

どんなときでも最初のアプローチはいちばん難しいが、早く店に入れば、勝率は上がる。同じ女の子に声をかけるにもトップバッターのほうが有利だ。アプローチとしては失敗しても、その子や友達と仲良くなっておけば、他の客から不審に思われずにすむ。あとは、いつもの要領でゲームを展開しよう。とくに手を変える必要はない。

女の子に「友達はどこ?」と聞かれたら、ウソをつかないこと。ひと言「俺は友達がひとりもいないんだ」と返せばいい。あくまでもクールに構えて、連れがいない理由は説明しない。南米ではそんな質問をされた覚えはないが、アメリカだとあいさつ代わりになっているらしい。

絶対に言ってはいけないのが「友達にドタキャンくらったからひとりで来た」「友達にはみんな彼女がいるんだ」というセリフだ。言い訳がましいし、言い訳しないと何もできない男という印象を与えてしまう。

現時点では、ソロだと心細く感じるかもしれない。それは慣れの問題だから、時間が解決するはずだ。俺の振る舞いはひとりで出かけるときも、遊び仲間とつるむときも、ほとんど変わらない。むしろソロでいるほうが自信を感じる。他の連中がビビッてできないことを単独でやってしまうからだ。俺のキャラが立つのは、他の男と違うからである。女の子たちは俺の〝うまみ〟がどこにあり、どうしてここにきたのか知りたがる。おかげで話題に困ることはない。

彼女たちの好奇心は雪だるま式に膨らんでいく。俺に連れがいようがいまいが、気にしない。楽しくておもしろい男が目の前にいるのだから、それで十分なのだ。ソロのほうが10倍は楽しい。ひとりでやりたいようにやるほうが、使えない友達とつるむよりもずっといい。

昔の俺はたまにソロで出かけても、結果がついてこなかった。作戦を立てず、気分や酒量をコントロールできなかった。だから、誰でもいいから連れが欲しかった。そしてふと気づいた――俺の連れはチャンスを増やすどころか潰しているではないか。それ以来、ひとりで出かけてソロでナンパすることにした。

今ではヤボなウィングマンを連れているときよりも、ソロのほうがはるかに勝率が高い。ぜひチャレンジしてほしい。ソロが好きになっている自分に驚くだろう。

勝負の30分を過ぎたら

会話を始めて30分が経過したら、ひと安心だ。あとはラクに事が運べるだろう。ここまで来るとターゲットの口数も増えているはずで、こちらよりもしゃべっているだろう。当初の目標はターゲットの注意と関心を引くことだったが、ここからは方針を変えて、ターゲットが身も心も許すように仕向けなくてはいけない。

相手の話を聞く

ターゲットが自分について話し始めたら、さえぎらずに黙って耳を傾ける。こちらに対する関心に加えて安心を勝ち取ることができれば（ターゲットが、好意と信頼の〝両方〟を寄せてくれれば）、深い仲になるのは楽勝だ。しかし、最初の30分でできないと、ほとんど見込みはない。キャラクターと価値を（会話やひとつ話をとおして）アピールしたのに、30分を超えても相手の反応が鈍く質問を返さない場合はゲームオーバーだ。

安心と信頼を得るにはターゲットの人となりに興味を示すことだ。ターゲットの話にきちんと耳を傾け、自慢話には軽く感心してみせる。ただし、いつまでも話を聞いてくれる男と思われてはいけない。むしろ、いつ注意がそれるか分からないという印象を与えよう。

例えば、話の途中で視線をそらし、物音がしたほうに目をやる。それを適度にやれば、ターゲットは少し不安になるだろう。こちらの関心を引きつけようと必死になるはずだ。

ターゲットに気を許してもらうには、あえて〝つまらない〟話をするのもありだ。一方でミステリアスな部分を残し、もう一方で旧知の間柄のようなムードを演出しなければいけない。そのためには自分の個人情報を一気に公開せず、小出しにすることが大切だ。ターゲットを安心させる以外にも、個人情報を教える目的がある。それはお互いの共通点を探るため。共通点が見つかれば、それを話題にして会話を引っ張ることができるが、ベッドに誘うときには必要ない。

電話番号か、場所変更か、そのままか

会話を始めて30分が経過したら、次の手は3つある——電話番号を聞き出すか、場所を変えて（肉体的な）親密になるか、場所を変えずに親密になるか。

いちばんお勧めできないのが電話番号を聞くことだ。せっかく続いた会話が中断されるうえに、次につながる保証はまったくないからである。

女の子が電話をかけ直してくる可能性は、ベテランのナンパ師の場合でも、きわめて低い。2人に1人がかけ直してきたら、上出来である。つまり電話番号をゲットした時点で、今までの苦労は50パーセントの確率で水泡に帰するということだ。

たとえターゲットから電話が来たとしても、デートに誘い出すまでには問題が山積している。電話はターゲットを優勢にし、こちらを劣勢にする。なぜなら、ターゲットには対応を考える猶予ができるからだ。こちらの番号をブロックすることも、かけ直すタイミングも自分の都合で決められる。

ターゲットを落とすには相手のでき心を刺激したい。だから、**知り合ったその日に攻められるところまで攻めるべき**だ。関係を一歩でも二歩でも進めておけば、ターゲットは時間とエネルギーを費やしたぶんだけ、また会いたいと思うだろう。電話番号を目的にナンパする男は電話番号しか持ち帰れない。

ぐずぐずすればチャンスを逃す

最終目的はセックスだから、会話の最中でもそれを意識する。今夜ベッドに誘うにはどうすればいいのか考えながら話すことだ。たとえ今夜は無理そうでも、状況が不利であっても、セックスをつねに意識していれば、好機を逃すことはない。もし電話番号のことしか頭になかったら、ターゲットがその気になっているのに、チャンスを逃してしまうだろう。セックスを意識するくせをつけることで、わずかなチャンスにも敏感になれる。

セックスは弾みでするものだ。鉄は熱いうちに打てと言う。昔の俺は、女の子さえその気になってくれたら、黙っていてもやらせてもらえると思っていた。だが、そうではなかった。

以前、バイクを売ろうとしたことがある。個人広告を出したら、若い男から連絡があった。男は俺のところにやって来て、バイクを点検し、シートに座り、エンジンをふかしたあと、しばらく考え込んだ。そして15分後に「買う」と断言した。今日は手付金を持っていないが、2日後にバイクを受け取りに来るので、そのとき即金で全額払うと言った。

それきり音沙汰はなかった。

その1週間後、別の男がバイクを見に来た。そいつはもっと乗り気で、翌日にさっそく金を持ってくるという。満面の笑みで「明日が楽しみだ」と言っていたが、それきり連絡はなかった。

ふたりとも一度は大枚をはたくと決めたのに、こうも簡単に決意を覆してしまった。3000ドルの買い物でこのありさまである。行きずりの男と寝てもいいという女心が、どれだけ簡単に変わってしまうのかは推して知るべしだ。

人間は決めたことを実行に移したあとは、あらゆる理由をこじつけて自分の判断を正当化する。例えば、車を買ったわずか数カ月後にもっとおしゃれな最新モデルが発売されたら、ひとつ前のモデルのほうが優れていると自分に言い聞かせるだろう。ところが実行に移す前だと、自分の判断に疑問が生じ、考え直してしまう。セールスマンが客に即断即決を促すのも、迷う時間を与えたら買ってもらえないことを承知しているからだ。

同じことがセックスにも言える。抱けるか抱けないかは女の子の気分と状況しだいだ。だから、**女の子がその気になったら、すぐに行動に出なければいけない――相手の気が変わらないうちに、アクシデントが起きないうちに。**ぐずぐずしていていたら、邪魔が入るかもしれない。その子の元カレが突然プロポーズの電話をかけてくるかもしれない。〝男遊びがすぎるかしら〟とその子が反省しはじめるかもしれない。

ほかに、どんな雑念が入ってくるとも限らないのだ。出会ったその日であれ、初めてのデートであれ、ターゲットがその気になった瞬間を逃さないように準備を万全にしておく。そんなチャンスは二度と巡って来ないかもしれないからだ。

あのとき俺もそう心得ていたら、バイクを見に来た男たちに「早い者勝ちだから、すぐに金を持ってこい」と急かしたはずだ。どんな取引も攻めの姿勢で成立させなくてはいけない。先手必勝だ。何事も〝ひとりで〟には起きない。自分で〝起こす〟しかないのである。

どうしても電話番号しか聞けない場合

ターゲットがその気になっても、行動に出られない場合がある。ターゲットの連れが機嫌を損ねて早く帰りたいと言い出す、自分の調子が上がらず言葉に詰まってしまう、ターゲットの仲間が割り込んでくるなどのケースだ。限界を感じたときや会話を中断せざるを得ないときは、電話番号という残念賞で妥協するしかないだろう。

万策尽きて番号を聞き出すしかなくなったら、「また遊ぼうよ」「今度、飲みに行こう」と水を向ける。「忙しいから」「出不精なの」と言われたら、脈はない。しかし「分かったわ」「いいわね」「そうしましょう」などという反応があったら、デートに乗り気な証拠だ。返事を聞いてから、スマホか携帯を持っているか尋ね、自分の電話を相手に渡して「ここに君の番号を登録してくれる?」と頼む。

ここでのポイントは、あからさまに電話番号を尋ねないことだ。お互いが再会を望んだので、当然の結果として番号を教えてもらったという具合にする。ターゲットの番号を聞き出すまで自分の番号を先に教えてはいけない。番号を聞かれたら、番号の交換を持ちかける。それでも、こちらの番号を聞くばかりで自分の番号をかたくなに教えようとしなかったら、「男の俺から先に電話させてよ」と言えばいい。

ターゲットが帰るそぶりを見せたので番号を聞き出したが、結局ターゲットは帰らなかったというケースがある。その場合は一気に攻め込むのが正解だ。〝すでに番号は聞いたから、会話を続ける必要はない〟とは思わないこと。**電話番号があとで役立つことはほとんどない**からだ。番号を聞き出したあとも会話が続く場合は、聞くタイミングが早すぎたのだろう。むしろ、会話を続けて追い込みをかけるべきだったのかもしれない。

上級者向け「番号を聞かずに終える」

上級者向けとして〝番号を聞かずに会話を終える〟というテクニックがある。「今日は楽しかったよ」とだけ告げて話を終えるのだ。電話番号を聞かれなかったターゲットは焦りを感じて、自分から番号を教えるか、番号を聞くように促すだろう。ターゲットが番号を教えようとしたら、よそよそしく迷惑そうな素振りを見せて、ターゲットの不安をあおる。

ただし、迷惑そうな素振りが効くのはターゲットと十分な時間（30分以上）を過ごし、脈があるのを確信している場合だけだ。カフェで5分しか話していない女の子が自分から番号を教えることはまずない。こちらのユーモアやキャラクターや知性を存分にアピールするには最低でも30分はかかる。

このテクニックの**狙いはターゲットに労力を使わせること**にある。苦労して連絡先を聞き出した男のことは、ないがしろにできなくなるからだ。

モテ男ぶる

駆け引きのコツはもったいぶることだ。適度にやれば相手をじらせるが、やりすぎると相手は引いてしまうだろう。このテクニックは相当な場数を踏んで、相手に脈があることを正確に読めるようになってから使ってほしい。これを試してターゲットの反応が思わしくなかったら、通常の方法で電話番号を聞き出せばいい。

番号の聞き出し方でゲームの腕前がよく分かる。俺は新人のころ、電話番号を聞く段になってペンがないことに気づくと、よくパニックに陥った（当時は携帯を持ち歩く習慣がなかった）。誰かペンを持っていないか、通りがかりの人に必死で聞いて回った。そんな姿をさらしたら、モテない男とモテる女という図式を公表しているようなものだ――彼女の番号はお宝だから、それを手に入れるためなら犬にでもなって、どんな芸でもお見せしますといわんばかりである。

本来は逆でなければいけない。パニックになってペンを探すのは〝彼女〟であるべきだった。つまりこういう図式にしなくてはいけない――モテる男に心惹かれた女がいて、その男と再会するには筆記用具が1本あればいい。そのとき女はどうするか。ペン1本を見つけるためなら火の輪くぐりもやるだろう。

モテる男になったつもりで振る舞うことだ。しぶしぶ電話番号を受け取り、いやいやペンを探してやる。そう振る舞えば振る舞うほど、女の子はこちらの価値を信じ、ますますエネルギーを注ぎ、勝手を言うわけにはいかなくなる。単純にモテる人種と同じように振る舞えばいい。

電話番号の代わりにパソコンのメールアドレスを聞いてはいけない。パソコンでのやりとりは時間の無駄になるだけだ。俺も昔はメアドを聞いていた。電話でのやりとりが苦手だったからだ。しかし、メールは電話の代わりにならないと気づいて結局は電話に切り替えざるを得なかった。女の子が電話番号ではなくメアドを教えると言い出したら、再会する気があまりない証拠だ。そのときは「ありがとう。でもメールはやらないんだ」と言えばいい。

番号を教えるときに、牽制球を投げる女の子がいる。よくあるセリフが「私、カレがいるの。だから友達にしかなれないけど……」。

こういうタイプには牽制が通用しないことを知らしめる必要がある。そこで「まあ、君には君の考えがあるし、俺には俺の考えがあるってことでいいんじゃない？　意見が一致すれば、それに越したことはないけど、一致しなければ、仕方がない」。相手が反応したあとに、こうつけ加える。「最初から線引きしたいの？　でも、俺は段階を踏むのが好きなんだ。友情であれ、恋愛であれ、何であれね」。これで、相手が何を言おうと、やりたいようにやるという宣言になる。

「カレがいる」という文句を聞いたら、それがどうしたと言わんばかりに一蹴すること。例えば「それは良かったね」「良かった、俺が留守のときに遊んでもらえば？」「会ったばかりなのに、もう悩み相談？」などと返す。そして何事もなかったかのように会話を続ける。彼氏の有無は絶対に尋ねないこと。それが大事なことなら、女の子は自分から打ち明けるだろう。

友情はいらない

男がいちばん恐れるのは意中の女の子と〝友達〟になってしまうことだ。〝友達〟化してしまう原因は3つある。

第一に**相手に尽くしすぎること**。その子を特別扱いするが、見返りは求めない。車を出してやり、相談に乗り、わがままを許す。

第二に**情けない自分を前面に出す**こと。例えば、過去の失敗や失恋を話題にする、男女観や恋愛観に自信のなさや欲求不満をにじませてしまう。抱きたい相手に色恋の悩みを話して聞かせるのは禁物だ。また、親友さながらにアドバイスを与えてもいけない。たとえ名案が浮かんだとしてもだ。女の子に「いちばん長続きした恋愛は?」などと尋ねられたら、短くあいまいに答える。恋愛経験をあれこれ推測させてはいけない。

意中の女の子と友達になってしまう3つ目の原因は**下心が中途半端なこと**。ハグやキスを交わしても目的を果たそうという意思がない。出会った瞬間から、この女の子を抱くという目的意識を持ち、その目的に向かって行動しなければ、何も得られない。

まずはアルファ男のオーラをまとい、続いてスキンシップからキスへと段階を踏むことが必要だ。ただ相手と会って、何時間か話をすれば親しくなれるとは思わないこと。他力本願のアプローチで何かが起きる確率は、彗星のかけらが頭の上に落ちてくる確率と同程度だ。後者があり得ないと思うなら、前者だってあり得るわけがない。

ダンスでスキンシップをはかる

スキンシップの頻度を上げるには一緒に踊るのが得策だ。ダンスは会話ができないときに有効だが、ターゲットの全身に触れ、キスのムードを演習するのにも効果を発揮する。踊りが苦手でリズム感がないなら、手本を見つけてまねるといい。

ダンスフロアを眺めていれば、うまい奴とそうでない奴が分かるから、もっぱらうまい奴の動きをコピーする。家で2～3カ月も練習すれば、ナンパに使えるレベルに達するだろう。飛び抜けてうまくなる必要はない。ただボディタッチの口実になれば十分だ。

「踊ろう」と言ってターゲットをフロアに連れ出したら、そこから先は焦らずにいこう。踊っている連中を見渡すと分かるが、どの男も好んで女の子のヒップに股間をぶつけている。いずれ同じ動作をすることになるが、今はやめておく。

ダンスの手順

まずはターゲットと向かい合って踊り、ときどき相手の腰に触れる。1～2分たったら距離を詰め、相手のヒップに両手を回して体を引き寄せ、揺れる腰に自分の股間を近づける。次に後ろに下がり、両手を離す。この一連の動きを〝振り付け〟と考えてほしい。フィナーレを盛り上げるために、接近したり離れたりしながら踊るのだ。ターゲットは、どうしてときどき体を離すのか不思議に思うだろう。

ターゲットから50センチほど離れて数分踊ったら、徐々に元の位置に戻る。再び相手のヒップに両手を回し、前回よりも強く体を引き寄せる。そして、また体を離す。会話をリードするのと同じ要領で、フロアでも主導権を握ること。自分が先に体を離せば、ターゲットは離れていかない。

近づく、離れるを繰り返しながら、ターゲットのヒップ、腰のくびれにくまなく触れ、最後は体を密着させる。キスの一歩手前の頬が触れ合うくらいにまで顔を寄せる。相手の体温が伝わってくるが、相手は抵抗しないはずだ。ダンスはあっという間にキスへとエスカレートするが、驚くには値しないだろう。

ダンスフロアを舞台にすれば、つかみを省略して、即アプローチに入れる。そのためには、人目につくスポットでひとりで踊れるようになろう。全身で音楽を感じながら、楽しく体を揺らせばいい。周囲の客には、じっとしているのを好まない明るい男と映るだろう。フロアでタイプの女の子を見つけたら、正面でアプローチするか背後から声をかけるか決める必要がある。

前者の場合はターゲットの正面に陣取り、微笑みながら目を合わせ、手を握って踊る。右利きなら、右手で相手の左手を握る。しっかり握らないと重力に負けて相手の手が滑り落ちてしまうが、力を入れすぎてもまずい。10歳の子供と握手するくらいでちょうどいいだろう。積極的だが優しい男という印象を与えたい。手を握った瞬間に判定が下る。相手は1秒足らずでこちらを品定めするからだ。

背後から声をかけるのはヒップホップ系のクラブでありがちなアプローチだ。踊りながら女の子のヒップに股間を密着させる。女の子は振り返って（あるいは友達に頼んで）男のルックスをチェックし、移動するかそのまま踊るか決める。お察しのように、正面からアプローチするほうが、多少は品があるので、成功率が高い。

ただし、ダンスはイケメン有利

ダンスフロアでアピールできるキャラクターはせいぜい自信だ。だから女の子は容姿で男を判断することになる。つまり〝踊るアプローチ〟はイケメンには有利だ。イケメン以外の男は言葉でつかみ、中身で勝負するアプローチのほうが適している。

話術による伝統的なアプローチなら、ターゲットは瞬時に結論を出す必要がない。穏やかで話し上手な男には、ひと目で興味がわかなくても、チャンスを与えようと思うだろう。そのときこそ、キャラクターをアピールし、そこそこの興味を決定的な興味に変える好機だ。フロアにはその好機がないので手あたりしだいにアプローチする必要があるが、それでも、ひとつの方法としてチャレンジする価値はある。

フロアでのアプローチは手順が逆だ。スキンシップから入って会話に進む。つかみを繰り出すのはターゲットにボディタッチしてからずっとあとになる。踊っている最中にターゲットが1回でも質問をしたら（最初は名前を聞くはず）、それは脈がある証拠だ。２〜３曲踊ったあと「何か飲もう」と言ってバーのカウンターに誘い、そこで会話を始める。あとは通常のアプローチと同じ要領だ。

キスまで進むボディタッチ

親近感が増すにつれて、気の利いたことを言う必要はなくなる。男女のやりとりは楽しい会話だけでキープできるものではない。勝負の30分間でオーラを放ち、ひとつ話を披露できたのなら、ライバルの８割は負かしたことになる。

次なる目標は現状維持だ。この期に及んでアプローチをしくじるとしたら、よほどの失言をするか失態をさらすか第三者に妨害されるかのいずれかである。落ち着いて今の調子をキープすれば、勝利は目前だ。自分を売り込まなくてはいけないのはターゲットのほうであることを今一度、肝に銘じよう。品定めされるのはターゲットであって、こちらではない。

電話番号を聞き出す以外に選択肢は２つある。この場にとどまるか、場所を変えるかだ。ほとんどのケースは前者になるので、まずはそれについて説明しよう。

手と手でスキンシップ

すでに君は自分の見どころを十分にアピールし、ターゲットの興味を引くことに成功した。ここからはリラックスし、ターゲットを理解することに努め、失言に注意し、親密になることを目標にする。会話を続けて、お互いの共通点を探し、スキンシップに努めよう。初対面とは思えないくらいの親近感を演出することが大切だ。

大きな武器になるのが左右の手。さっきはウエストに触れるところまで来たが、今度はその手をヒップの中央にまで持っていく。ビビッている場合ではない。ボディタッチは重要だ。ベッドに誘い込むまでの時間を短縮してくれるので常に心がけよう。テーブルの下で足タッチするのがせいぜいだとしても、やらないよりはましだ。相手に触れる——それも頻繁に触れること。

手つなぎも大切なタッチだ。ターゲットを連れて店の中を移動するときは、相手の手元に向けて手を差し出し、握り返した手の強さを確かめる。握り方が弱く、こちらが力を抜いたら手がほどけてしまうようなら、ターゲットは手をつなぐことにまだ抵抗がある。その場合は手を離し、あとで改めてトライしよう。ターゲットが手をつなぐことに慣れて、自分からつなぐようになったら、次のステップ＝キスへのゴーサインだ。

スキンシップのレベルを上げていく

スキンシップのレベルは1本の線上に表すことができる。左端をハグ、右端を性交としよう。ハグは不特定多数の相手にするものだ。好きではない相手にもできる。ところが右に進むに従って、嫌いな相手にはしたくないことが増えていく。唇にキスするのは中間あたりに位置するだろう。愛情表現のひとつだが、大した意味があるわけではない。耳に息を吹きかけたり、鼻先を合わせたりするのとほぼ同じレベルだ。

キスは急ぐに越したことはない。その理由はただひとつ——時間を節約できるからだ。出会ったその日にしておかないと、初デートまで持ち越しになる。初デートでキスする機会は別れ際だ。そのときまでに出会った晩のムードを再現しなくてはいけない。しかし、出会った当日にキスをすませておけば、そのためのデートとデート代を浮かすことができる。しかも、キスをすませて初めてのデートに臨めば、いきなりその先に進むことができるから、最初のデートが二度目のデートに値する。

初対面でキスまで行くのは早すぎるなどと考えていると、遅きに失するだろう。国によって、とくに南米では女の子に声をかけてから1時間以内にキスしないと妙に思われる。俺がベネズエラでブラジル系の女の子とイチャつき出したのは出会ってから30秒後だ（今思えば彼女は売春婦だったが、当時は気づかなかった）。アメリカの女の子の大部分も、ひと目惚れした男とイチャイチャするのにためらいはない（アメリカ国内でも30秒が自己最速）。

キスはセックスの必修科目と考えよう。セックスなしのキスはあっても、キスなしのセックスはありえない——金で買った相手なら話は別だが。

キスもタッチのうちだから、体を使う作戦が必要だ。山に登って素手で熊を倒したという話に欲情する女の子もいるかもしれないが、どんな武勇伝もスキンシップにはかなわない。女の子が唇を許すのは気に入った相手であり、生理的に抵抗を感じない相手だ。特別な感情は必要ない。

誘導作戦は4パターンある。そのうち2つは出会った当日に、あとの2つは最初のデートで使う。どれを使ってもキスまでスムーズに進めるので、ターゲットをビックリさせたり、あとで恥をかいたりする心配がない。キスに誘導することでターゲットがキスを拒むかどうかが前もって分かる――それも唇を合わせる、はるか前に。

当日中の誘導作戦その1

にらめっこする。無言で見つめ合うのは恋人同士がよくやる愛情表現だ。ターゲットを引き込むには「にらめっこなら絶対に負けない自信がある」と冗談ぽく切り出す。「にらめっこは苦手」と言われるかもしれないが、そこをもうひと押しして「高校時代はチャンピオンだったからね」と言って笑わそう。にらめっこを始めて15秒くらいたったら「今笑ったでしょ」「俺はコンタクト（ドライアイ）だから、君のほうが有利だな」と冗談を挟む。1回目で負けたら、3回戦まで延長する。にらめっこは親近感を育む効果がある。

にらめっこのあとはスキンシップを前進させるチャンスだ。バーやクラブでは相手の腰やヒップに頻繁に手をやる。カフェで座っているなら、テーブルの下で足タッチ、テーブルの上で腕タッチやひじタッチを繰り返す。ふたりの距離がぐっと縮まるだろう。

当日中の誘導作戦その2

次は女の命＝髪にタッチするという大技。この作戦を実行するには条件がある。それまでのボディタッチに対してターゲットの反応がおおむね良好で、歓迎している気配があることだ（たまに迷惑がられるのは想定内なので気にしなくていい）。

最初はターゲットが話している最中に「ちょっと待って」と言って、話をさえぎる。このときアイコンタクトをしっかり取ること。次に、ターゲットの耳のあたりにかかる髪をゆっくり、ていねいに耳の後ろにかける。髪がほつれてなくても同じようにしよう。最後に「これでオーケー」と言う。他愛ない動作のようだが、これも恋人同士に許される愛情表現のひとつだ。

髪に触れたあとのターゲットの反応をチェックしよう。嫌な顔をしたか、気味の悪そうな表情を浮かべたか。もしそうなら、キスは保留だ。少し時間を置くか次に会うときまで延期してもいい。次に会うときは残る2つの作戦で様子を見ることにしよう。

あいにく、初対面でキスすることを良しとしない女の子は少数ながらいる。しかし、髪に触れられてもこちらの顔をちらりと見て（あるいはじっと見つめて）話を続けるか、嫌がる素振りを見せずに目を合わせているならオーケーということだ。

キスの駆け引き

キスのタイミングを計ることはポーカーの役を読むのに似ている。相手の出方をうかがいながら、ゲームを有利に展開するからだ。キスの場合はムードを最高潮に盛り上げてからキスすることで、インパクトが強くなる。相手は誘導されたとは思わず、こちらの魅力に屈したと思うだろう。

まずは、会話やダンスをしながらターゲットの視線をしっかりとらえ、顔を寄せる。距離にして約15センチ。ターゲットにその気があれば、たじろがないはずだ。引き続き相手の体にタッチしながら、寄せた顔をいったん離し、数分たったら、また〝15センチの壁〟まで寄せる。次は約10センチまで詰め寄り、少なくとも一度は視線を外してターゲットの唇に目をやる。それが何を意味するかは相手にも伝わるだろう。

この駆け引きは楽しい。緊張感が走り、ムラムラしてくるだろう。ターゲットは目を閉じてキスを待つ仕草を見せるかもしれない。その瞬間に唇を奪うことは可能だが、あえて顔を離し、何事もなかったかのように会話を続ける。

いつまでキスをじらすかは周囲の状況による。気が散りやすく、今にも邪魔が入りそうな店にいるなら、次回に決行。静かな会場やラウンジにいるときはじらす回数を増やして効果を上げる。顔を近づけ、期待感を高め、顔を離して、余韻をもたせる――このサイクルをあと1回は繰り返したい。

いざ決行する段になったら、鼻先が触れ合う距離まで顔を近づけ、2～3秒その状態をキープ。自分の唇が乾いていたら、なめてもかまわない。そして一気に唇を奪う。この期に及んで拒まれる心配は無用だ。ここまで顔を寄せられたのだから、ターゲットは心づもりができている。アルコールが出ない場所では別れ際のハグがチャンスだ。ハグのあと、両手を腰に置いたまま、最低でも1回はじらす。

この作戦はターゲットの心づもりを確かめるのに有効だが、やりすぎの感もある。ターゲットは〝にらめっこ〟の時点で、すでにその気になっただろう。じらし作戦はスリルを演出するのが主な目的だ。

原則として、キスのタイミングを知るには顔を近づけたときの相手の反応を見ること。4～5センチの距離まで近づけても、相手が動かないなら、それはオーケーのサインだ。その場でしようと思えば、キスできる。

チャンスをいつものにするかについては、いろいろと試してみよう。二度と会うつもりのない相手にはキスを急いでもかまわないが、デートにつなげたい相手だったら、できるだけじらすのが正解だ。

成果を計る頬へのキス

もうひとつ、相手の心づもりを探る方法として頬へのキスがある。俺がこの手を使うのは現時点での成果をすぐに知りたいときだ。まずは会話が途切れるのを待つ。女の子がトイレに立つときやドリンクを注文しに行くときがチャンスだ。その瞬間に顔を横に向け、頬を指差しながら「ここにキスして」と言う。理由を聞かれたり、断られたりしたら、俺の努力がまだ足りない証拠。たかがほっぺにチューするのを拒まれのだから、憂慮すべき事態かもしれない。

軽いキスが返ってきたら、まずまずと見る。熱いキスが返ってきたら、俺とイチャつくのを望んでいると解釈し、もう片方の頬にもキスするように頼む。そして「今度はこっちの番だ」言って、相手の左右の頬にゆっくりとキスし、顔を離す前に見つめ合う。ここで相手が引かなかったら、今度は唇を合わせる。

キスを奪う方法はいろいろあるが、**許可を求めたり、キスしたいと言ったり、急に迫ったりしないこと。**それさえ守れば、どの方法でもまず間違いはない。

キスのテクニック

第一に、キス上手になるコツはキスの名人＝女の子とたくさんキスすることだ。相手のテクニックのなかで良かった点を覚えておき、次の相手に試してみる。自分に効いたテクニックなら他人にも効く可能性が高い。得てして女は男よりもキスが得意だから、お手本になる。

第二に、キスは徐々に濃厚にしていくこと。最初のキスで舌をどっぷり絡めるのは避けたい。回を重ねるごとに絡める程度を上げてゆき、頃合いを見て舌を軽く噛んだり、大胆なテクニックに挑戦したりする。

第三に、手を休ませないこと。キスの最中はボディタッチの絶好のチャンス。どさくさにまぎれて相手の全身をまさぐることができる。映画のラブシーンのように、女の子の頬を両手で包み込むのもいい。その手で髪をなであげ、後頭部を支えるようにしてキスをリードする。座りながらキスする場合は相手の腿をやさしくなでる。こうしたスキンシップはあとになって効いてくる。

どう考えても（こちらが顔を近づけるとターゲットが引いてしまうなど）、知り合った当日にキスすることが難しければ、場がしらけないうちに電話番号を聞き出してお開きにする。親密になれる見込みもないのに、いたずらに会話を長引かせては意味がない。メリットよりもデメリットのほうが大きくなるだろう。

店変え

店変えとはターゲットを連れて別の店（場所）に移ることをいう。そのメリットは親近感をアップさせること。ふたりで一緒に行動するわけだから、ほぼデート気分を味わえる。しかし、諸々の事情ですんなり実現しないこともある。ターゲットに連れが何人もいる場合はそれぞれ意見が分かれるだろうから、全員で同じ店に移動するのは困難だ。夜も更けて、今の店でも十分に楽しいのに、これから別のバーやクラブに繰り出す気にはなれないこともある。

楽しい場所へ誘う

店変えしやすいのは景気づけに立ち寄るような店だ。地元のスナックや小さな飲み屋で「すぐ向かいに超話題のクラブができたよ」と言って誘えば、女の子はかなりの確率でついて来るだろう。そこから考えられるのは――小さな店でナンパをスタートし、近くのメイン会場に移動するという作戦だ。店を1～2軒はしごするとセックスまで行ける可能性が飛躍的に上がる。時間の観念が狂いやすく、実際よりも長く一緒にいたように感じるからだ。

移動を提案する方法はおもにふたつある。ひとつは**次の店の魅力をPRする**こと。これから別の店に行こうと思っていることをターゲットに告げ、あくまでもさりげなく、今の店よりも魅力があることをほのめかす。例えば「このあいだ行ってみたら、すごくいい店だったから、今夜ものぞいてみようかと思ってるんだ。選曲が最高なんだよ」

その店の回し者に思われては困るので、宣伝はシンプルに。ターゲットが乗り気になっても、その連れが乗り気でないなら、ターゲットは断ってくるだろう。気にすることはない、そのまま会話を続ければいい。「のぞいてみようかと思ってる」だけだから、すぐに移動する必要もないからだ。とはいえ、場所変えをほのめかすからには本当に店を変えたほうがいい。その後も同じ店にとどまっていると、ターゲットと離れたくない一心で移動するのをやめたように思われてしまう。最悪なのはターゲットに案内されて次の店に行くことだ。あくまでもこちらのリードで移動しなくてはいけない。ターゲットが店変えに賛成しなかったら、電話番号を聞き出して終わりにしよう。

移動を持ちかけるもうひとつの方法は**〝楽しい続き〟を期待させる**こと。この誘い文句はおもに夜が終わる間際に使う。クラブの閉店時間が迫り、女の子を持ち帰りたいときに便利だ。

ターゲットには「他の場所で続きをやろう」と提案すればいい。まだエネルギーがあり余っていて寝る気分ではないことを匂わせつつ、こんなふうに切り出す。「これからどうする？　家に帰って寝る？　それとも、もう少し遊ぶ？　俺はまだ飲み足りないんだ」

自分に連れがいるときは、そいつをだしにして今夜は特別であることをつけ加えるといい。久しぶりに再会したとか、友達の昇進を祝っているとか理由をつけて、普段よりも遊びたい気分であることを伝える。エキゾチックな国に旅した思い出を引き合いにして「最近ローマに行ったんだけど、あちらではこの時間から夜が始まるのに、この国だと1日が終わっちゃう。おかしいよね」などと言うのもいい。

食事のできる店に移動したくなっても、やめておく。食事をすると、せっかくのほろ酔い気分が冷めてしまうし、女の子を疲れさせてしまうからだ。とくにピザやハンバーガーなどの脂っこいものは酔い覚ましになってしまう。

女の子の家へ行く

狙うはターゲットの自宅でパーティーの続きをすることだ。その下心を悟られないようにターゲットを質問攻めにして、彼女の家に行くのは気が乗らないふうを装う。自宅にはどんなＣＤや酒が置いてあり、部屋は片づいているかチェックを入れよう。

「小腹が空いた」ので冷蔵庫に何があるか聞き、相手が答えたら、及第点はやれないと言わんばかりに「ええ、それだけ？　まあ、仕方ないか」と返事する。要するに、相手の自宅に招待されたが、行くかどうか迷っているという状況を演出すること。

ここからが正念場だ。**ターゲットのところに押しかけていいかどうかはいっさい尋ねない。押しかけていいことを前提として移動手段を考える。**ターゲットに自宅までの道のりを聞き、移動の段取りを大きな声で仕切る。例えば、「すぐ近くに車をとめてるんだ。俺が運転するよ」「地下鉄の駅はこっちだよね？ここから近い？」「タクシーを呼んでくるよ。現金は持ってきたかな」など。

ここでターゲットは、連れの友達と協議を始めるかもしれない。そのときは焦る素振りを見せず、彼女たちの相談が終わるのを待つ――俺たちはみんな友達じゃないか、友達が友達の家に集まって何が悪い、いちいち許可を取ることもないだろうという余裕を見せる。

自宅に来られては困るとターゲットが判断したら、何か言い訳するはずだ――部屋が散らかっているとか、親戚が家に泊まりに来ているとか。女の子は「来ていいわよ」とは明言しない。だから、はっきり「ノー」と言われないかぎりは「イエス」だと思うこと。

自分の家にターゲットを連れ帰りたいなら、楽しい過ごし方を提案する。セックスだけが目的という印象を与えないように、なにかしら条件をつけて、しぶしぶ招くというふうにしたい。例えば「じゃあ、俺のところにちょっと寄ってく？　音楽を聴きながら飲んでもいいよ。だけど長時間は無理。明日は朝が早いんだ」と断りを入れる。そして1～2時間したら自宅まで送ると約束しよう――ベッドに誘い込むことができたら、話は別だが。

俺の場合、どちらかの自宅に移動することにはしばらく抵抗があった。そこまでの信頼関係は築けていないはずだし、女の子が知り合ったばかりの素性も分からない男と2人きりになるとも考えられない。レイプ魔と思われたらどうしようとも思った。

しかし、そんな心配は無用だった。もし殺人鬼かレイプ魔に思われていたなら、そもそも会話は続かなかったはずである。女の子が店変えを拒むとしたら、それは移動手段の問題か〝軽い女〟に思われたくないかのどちらかだ。

セックスありきの誘いに拒絶反応を示す女の子は、どのみちベッドインするまでに時間がかかる。**移動を提案することはセックスに無関心な女の子をふるいにかける**のにも役立つ。また、ボディタッチや店変えをとおして下心を匂わせておけば、友達以上の関係を望んでいることが相手に伝わる。それが気に入らない女の子は自分から去っていくので、ナンパした相手と友達で終わってしまうという事態を避けられる。

最初からセックスを視野に入れて口説くことはふたつの意味で正解だ。ターゲットがそれに乗ってくれれば、めでたくエッチできるし、乗ってこないときは貴重な時間を無駄にすることなく次のターゲットを探しに行ける。

店変えをしないで電話番号を聞き出した場合はどうなるか。その晩はハグかキスを交わして別れることになる。家に着き、彼女のことを（いい女だったので）しばし考えてからベッドに入る。今夜抱けたらどんなに良かっただろう。次は絶対に逃さない。向こうも大いに気があるようだったし、別れ際には「かならず電話してね」と念を押していた。彼女と出会い、電話番号を手に入れたことで人生が変わるかもしれない。

そう思った君はめでたく第３ステージに突入だ。ゲームのなかで、いちばんストレスがたまる局面であり、ホームランを打つはずが空振りに終わるステージでもある。出会った夜に首尾よくしけこむことに成功したら、ひとつ飛ばして第４ステージに進もう。

第3ステージ　デートからベッドまで

ターゲットから聞き出した電話番号は役に立たない場合がほとんどだ。そのうち半分がデートにつながれば儲けもの。つまり、アプローチに成功しても肩すかしを食らう可能性はまだ残っている。そこで大局的な見地に立ってみよう。長い目で見れば、たった1度の空振りで大勢が変わることはない。

最悪なのはひとつの電話番号や1回のキスで有頂天になってしまうこと。その番号がウソだったり、相手がかけ直してこなかったりしたら、ストレスがたまるだけだ。しかし、悲観主義と現実主義とでは大きな違いがある。悲観主義の男は〝やっぱり自分はモテない。誰にも相手にされない。この先もいいことはないからゲームなんてやるだけ無駄だ〟と考える。悲観すると無気力に陥るのだ。

一方、現実主義の男は期待外れを想定内とし、毎回のゲームを有意義なものにするためにも継続が大切と心得る。〝目の前のターゲットにベストを尽くし、ゲームを楽しもう。**残念な結果に終わっても、気にしないし、くさらない**。それがゲームというものだ。いつでも次がある〟と考える。

デートに誘う

ターゲットに電話をする前に、どこに連れて行くか決めておかなければいけない。デートにふさわしい場所は2タイプある。落ち着いた所とにぎやかな所だ。前者は比較的静かで会話中心のデートに向いている。後者は騒音と人の出入りが激しく、会話は制限される。

カフェからバーへ移動

俺は最初のデートには平日の落ち着いた店を選ぶ。相手とじっくり話をして、改めて週末のデートに誘う価値があるかどうか見極めるためだ。週末のデートは貴重な時間を取られるし、金もかかる。

俺の定番のデートコースは、歩いて移動できる範囲にあるカフェとバーだ。カフェではなく、個人経営の喫茶店でもいいが、スターバックスはさすがに味気がないので却下したい。カフェではクッキーやケーキなどのデザートも一緒に注文することが多い。そして、45〜60分くらい話をしてから、近くの〝メイン会場〟に移動。移動先は邪魔が入らない静かなバーだ。

前章でも説明したが、店を変えると一緒に過ごした時間が実際よりも長く感じられる。その効果を最初のデートでも活用したい。カフェからバーに移ることで、ターゲットは1日で2回デートした気分になるだろう。バーが密集していて、カフェが1店舗もない場合は、最初は地味なバーで待ち合わせ、次にしゃれたバーに移るといい。郊外に住んでいると、めぼしい店がなかなか見つからず、店変えは無理かもしれない。最初のデートで2場所こなせば理想的だが、義務というわけではない。

初デートで行ってはいけない場所

まだ抱いていない女の子を**レストランに連れて行くのは禁止**。例外は〝いっさい〟認めない。食事に誘うのは野暮だし、ありきたりだし、非経済的だ。デートコースから除外するべきである。メシの世話はベータ男に任せておけばいい。人の多いレストランで何時間も向かい合って座ることに何のメリットがあるのか、俺には理解できない。大きなテーブルに邪魔されて、ボディタッチもままならないのだ。

お茶だけのデートもいただけない。次のプランがあるなら話は別だが、**カフェに長居してもキスひとつできない**からだ。デート史上、お茶を飲む店でファーストキスがかなった例はひとつもない。女の子にとって、カフェは安心してデートできる場所だ。男にいきなり迫られることはないからである。女の子には実利にかなったデートになるが、こちらにとっては時間の無駄である。

映画館も避けよう。映画に行くのは世界最悪のデートだ。隣り合わせて座っても、ひじ掛けで隔てられるし、上映中は黙っていなければいけない。それならレストランに行くほうがまだましだ。少なくとも話はできる。女の子が食事か映画を提案したら、必ず却下すること。その理由として「じっくり話をするのには向かないから」と説明すればいい。

移動の便を考えて最初の店を決めたら、あとは聞き出した番号に電話するだけだ。

電話の戦術

第3ステージは電話で始まる。この文明の利器は連絡を取りやすくするために発明されたはずだが、男にとっては逆効果だ。女はこの単純な通信手段を、男をふるいにかけ、振り回すためのやっかいな道具に変えてしまった。さらにメールが普及したことでダイレクトにコミュニケーションすることが余計に難しくなった。

俺は電話戦術をマスターするのに相当てこずった。男はほとんどそうだと思うが、俺は顔を見て直接話すほうが好きだ。相手の表情が分からないままキカイに向かってしゃべるのは苦手である。それでも、メールはもっと当てにならないので、電話を使わないわけにはいかない。

練習も必要

電話での駆け引きもアプローチと同じで練習が必要だ。そこで、本命以外の女の子から番号を聞き出し、練習相手になってもらうのも悪くない。さほど緊張しないでかけられるから、彼女たちを相手に練習を積んで自信とスキルを身につけ、本番に備える。いきなり本命の女の子に電話して、やみくもにデートに誘ったら、それはみごとにコケるだろう。血を見たことがないのに心臓を手術するのと同じで、結果は……運に任せるしかない。

電話のタイミング

問題は電話をかける（メールを送る）タイミングだ。俺はあらゆるタイミングを試した。アプローチした当日、その翌日、2日後、3日後、4日後、5日後……そして2週間後まで。その結果、相手の心変わりなどの不確定要素を考慮すると、早いほどいいことが分かった。

早いけれども勇み足にならない絶妙のタイミングは**アプローチの2〜4日後**だ。ターゲットに大いに脈があり、こちらの話によく反応していたら、2日後がベスト。そこそこ脈があるなら、その場合も2日後がいい。脈は薄いがとりあえず電話番号を教えてくれたら……やっぱり2日後だ。

3日後、4日後でもかまわないが、一度決めたタイミングはしばらく変えないこと。それでうまくいかなかったら、タイミングをずらす。そのうち自分にとってベストのタイミングが分かるだろう（現時点で俺のベストタイミングは2日後）。4日を過ぎると、お互いのモチベーションが下がって、問題が出てくる。もたもたしていると、ターゲットはあきらめてしまうだろう。そんなときに電話しても相手はしらけるだけ。もう〝あきらめた〟のだから当然だ。

〝2〜4日後ルール〟にも例外はある。その日が金曜か土曜に当たるときだ。女の子はスケジュールが詰まっているふりをするのが好きだ。だから、どちらかの曜日に電話を入れてもすぐにかけ直してこない可能性が高い。つまりアプローチしたのが水曜日なら、日曜日まで待って連絡する。火曜日だったら木曜日までに、月曜だったら木曜日までにコンタクトを取るといいだろう。

次の課題は電話をかける時間帯だ。俺の経験では**午後8〜9時がベスト**である。女の子が家でくつろぎ、とくに用事のない時間帯なので、着信を逃すことはまずない。

電話の流れ

電話戦術の狙いはデートに誘い出すことだ。**この期に及んで口説き文句や自己アピールは不要**。デートの約束ができれば、それでいい。なので通話やメールは手短にすませる（通話なら３～10分、メールなら３～５行）。まずは電話で誘う方法を紹介するが、電話でのやりとりは時代遅れになりつつあるので、その後にメール戦術も説明しよう。

電話をかける前は緊張しがちだが、緊張するには及ばない。相手はたぶん出ないからだ。女の子は見ず知らずの番号からかかってきた電話はめったに受けない。20代以降はとくにそうである。相手の電話には着信を知らせる機能があるはずだから、相手が出なくても心配する必要はない。たとえ相手がこちらの番号を登録していたとしても、やっぱり出ない可能性が高い。

留守電に切り替わったら、必ず伝言を残そう。伝言を残せば、用事があって電話したことが分かるので相手も折り返さないわけにはいかない。そして折り返したからには、多少気を使って話をするだろう。伝言にはジョークや雑談は入れないこと。返事が来ることを前提にしたメッセージが好ましい。用件だけをシンプルに言おう。

俺の定番のメッセージは次のとおりだ。このメッセージを明るく、ゆっくり入れることにしている。

「やあ、メラニー。ルーシュだよ。今は木曜日の夜9時……時間ができたら電話して。俺の番号は×××・×××××・×××××」

相手はこちらが電話する前から、かけ直すか無視するかすでに決めているものだ。その決定を覆すような名文句はこの世に存在しないが、かけ直す気持ちが〝失せる〟メッセージなら存在する。伝言はできるだけ事務的なほうがいい。俺のシンプルな伝言は、男がやりがちなミスをことごとく回避している。

ジョークや雑談は入れず、改めて自己紹介してはいけない。かけ直す気持ちが失せる悪例は——

「やあ、スティーブだよ。金曜の晩にバーで会ったストライプシャツの男、覚えてる？　別に大した用事はないいんだけど——」

そもそも**ターゲットが電話番号を教えたのはこちらに関心があるから**だ（少なくとも教えた時点ではそうだったはず）。その関心をそぐことがないように自重しなければいけない。

伝言を残して電話を切ったら、ほかのことに集中しよう。返事は待つものであって、待ち望むものではない。いつものように日常を送り、電波が届くか着信音は聞こえるかなどと気をもまないこと。友達の電話を待っているときにそんな心配はしないだろう。気をもんでいる自分に気づいたら、頭を冷やすことだ。電話をマナーモードに切り替え、翌朝までどこかに隠してしまおう。

電話が来るのをいまや遅しと待っていると、期せずして相手に主導権を渡すことになる。電話が来てもワンコールで出る必要はない。1～2回出損ねてしまっても、相手は気にしないだろう。むしろ、それをネタにして次の伝言を入れる。「やあ、またまたルーシュだよ。どうもタイミングが合わないね。電話で鬼ごっこだ！」

ターゲットが1時間以内に折り返してきたら、いいサインだ。脈のある女の子は3時間以内に折り返してくるものである。しかし、夜になっても折り返して来なかったら、永久に来ないと思っていい。つまり3時間後にはだいたいの結果が分かる。伝言を残した直後に電話が鳴ったら、迷わず出よう。

翌日に電話が来たら、あえて出るのをやめて、メッセージを入れさせ、どんな言い訳をするか確める。少なくとも返事が遅れたことをわびるはずだ。文句のひとつも言いたくなるが、今はガマン。女の子に説教するのはセックスをしてからでも、夢中にさせてからでも遅くはない。

折り返しの電話に折り返すときは時間を置く。相手が1日遅れでかけ直してきたら、その場では出ずに、1時間以上たってからかけ直す。相手よりも返事が遅れるようではまずいが、相手のペースに振り回されるのも格好が悪い。

こちらが伝言を残したら、相手も同じようにするのが礼儀だ。メッセージも入れずに電話を切るような女の子にわざわざかけ直してやることはない。それでは相手が横着してしまう。相手が本気でこちらに会いたいと思っているなら、また電話をかけてくるか、メールを入れるはずだ。相手が横着したら、こちらも伝言を入れずに切ってしまえばいいのだが、その後は音信不通になる可能性が高い。

音信不通になったら、その経験を教訓にしよう。俺も昔はせっかく手に入れた電話番号を無駄にするまいといろいろやったが、結果はいつも同じだった。最初にメッセージを残した段階で相手が折り返してこなかったら、そこでゲームオーバーだ。そうなると悔しくて原因を探りたくなるが、そんなことをしても意味がない。こちらに落ち度はないかもしれないのだから。**女心は気まぐれで訳もなく変わる。**こちらが頭を悩ませても仕方がない。

〝なしのつぶて〟は想定内だ。俺が出会ったプレーヤーは誰もが一度は経験している。だからこそ、出会ったその日に攻められるところまで攻めることが大切なのだ。ターゲットに逃げられることは考えなくていい（ゲームは続くことを前提にしなければいけない）が、セックスに持ち込める確率がもっとも高い〝アプローチ当日〟を無駄にしてはいけない。こんな可能性だってある——出会った晩なら抱けたかもしれないのに、電話番号をもらって終わりにしたがために、その後は音信不通になってしまった。〝鉄は熱いうちに打て〟と言う。**鉄は出会った当日がいちばん熱い。**

電話で話す内容は？

ターゲットに電話するときは2種類の話題を用意しておく。ここは重要なポイントだ。電話中の沈黙はアプローチ中のそれよりもはるかに気まずいからである。

ひとつ目の話題は**近況報告**か**実況中継**にする。スーパー、カフェ、映画、友達の家、飲み屋、歓送迎会などに行ったときの出来事を話題にしよう。電話がつながり、挨拶をすませたら「さっき●●●

に行って……」と切り出す。「さっきジムに行って、首を痛めちゃったよ」と冗談めかしてもいいし、「さっきカフェに行って、おもしろい本を読んだ」でもいい。映画館でつまらない映画を観てきた、バーで懐かしい知り合いに会った、買い物に行って変わったTシャツを買ったでもオーケー。

俺が電話するタイミングはほとんど飯をつくる前だ（いつも晩飯が遅いので）。折り返しの電話は料理中にかかってくることが多いから、その話題から入る。レシピを見ながら料理をつくる様子を実況するのだ。最初は無難な話題から入ると、相手も自分の近況を話し出すだろう。

次の話題は**最初の話題にちなんだ感想、意見、疑問**にする。ジムの話から入ったのなら、ピチピチのトレーニングウェアを着た男がいかに情けなく見えるかをおもしろおかしく語る。カフェに行った話から入った場合は牛乳のカロリーに話題を移し、そこから豆乳の話にもっていく。映画の話から入ったのなら、映画館に行くのは面倒だから動画の配信サービスに入会するかどうか検討していることを話題にする。あるいは、帰省した話から妹や弟の話題に移り、きょうだいに慕われていることをさりげなく自慢してもいい。

いずれにしても軽く明るい話題を振り、深刻な話は避ける。表情や仕草の見えない電話で真面目なテーマを論じると誤解を招く恐れがある。物議を醸しがちな信仰の話やイメージダウンにつながる言動は慎む。要するに、再会する気が失せるような発言はしないことだ。

相手が電話好きだと、話が長引くことがある。おしゃべりにつき合うのはかまわないが、最初の電話で10分以上話しても意味がない。長話はデートまでとっておこう。電話が長引くと、そのぶんボロが出やすくなる。

肝に銘じてほしいのだが、女の子にとって恋愛は一大事だから、彼女たちは男の発言を友達と一緒に分析したり、言葉の裏を読もうとしたりする。とくに知り合ったばかりの男は分析の対象になりやすい。なので**発言はできるだけ控えて、分析させないこと**が肝心だ。

初めてかけた電話にターゲットが出る確率は約10パーセント。本人が出たら「やあ、●●●だよ」と名乗って、元気かどうか尋ねる。相手の返事を待って、最初の話題に入ろう。

ときには電話に出たものの、途中で気が変わる子がいる。話し始めて1分もしないうちに「あとでかけ直すわ。今、●●●をやってて手が放せないの」と言い出す。それはウソに決まっている。本当に取り込み中なら、知らない番号からかかってきた電話に出るはずがない。そんなときは「手が空いたら電話して」と言いたくなるが、そうではなく「分かった、じゃあね」で電話を切る。残念だが、ゲームオーバーだ。

デートの約束をとりつける

用意した話題が尽きると沈黙が訪れる。そうしたら新しい話題を探すのではなく「今週の平日は忙しい?」と尋ねる。ターゲットのスケジュールが分からないのに適当な日時を提案するのは避けたい。相手の退社時間や習い事の予定などを確かめたうえで、暇そうな曜日とだいたいの時間帯を提案する。

例えば「木曜の夜はどう?」と聞く。時間はまだ指定しない。それで問題がなければ、相手は「いいわね。何時にどこで待ち合わせる?」と聞いてくるはずだ。そうしたら「●●●はどう?」と落ちついた店を提案する。相手が店までのアクセスを知っていたら、迎えに行く必要はない。

自分か相手の自宅にしけこむ可能性を考えると、ターゲットに車で来させてはまずい。デートが終われば、ひとりで車を運転して帰ってしまうだろう。ターゲットには徒歩か電車かバスで来てもらう。車で迎えに行ってもいいが、あまり強引に言うと、計画がバレるので注意しよう。ターゲットが店までのアクセスを確認してきたら、「迎えが必要なら言って」とさらりと申し出る。そのほうがソフトでスマートだ。

ターゲットの自宅周辺で会うことになったら、その場合は相手に店を選ばせてもかまわない。静かでゆったり座れる店を紹介してもらおう。しかし、自分もその周辺に詳しいなら、店は自分で選ぶ。第一候補を上げて却下されたら、第二候補を提案する。それも却下されたときは「初めてのデートなのに、男に代わって店を決めてくれるの?」とからかい、こちらで決めてしまおう。

明日か明後日に会うことになったら、店と同時に時間も指定する。デートまでに3日以上空くときは、すっぽかされることがないように予防線を張る必要がある。その3日間で何が起きるか分からない。ターゲットが何も言わずにドタキャンする可能性だってある。3日以上空く場合は、デートの当日に待ち合わせの時間を連絡すること。「それじゃあ、木曜日にモエズ・カフェで待ち合わせよう。8時半には着けると思うけど、いつ仕事が終わるかは当日にならないと分からないんだ。会社を出るときに電話するけど、一応8時半ね」と断っておく。

そして当日になったら、待ち合わせの時間の2～3時間前に電話を入れ、「やあ、元気？　今、仕事が終わったから、予定どおり8時半には着けると思う……うん、じゃあ、店で会おう」と軽く言葉を交わす。相手が出なかったら、簡単なメッセージを残し、かけ直すように伝える。

その伝言に具体的なことはいれないこと。相手が折り返して来なかったら、待ちぼうけしないですんだと前向きに考えよう。すっぽかされるのは気持ちのいいものではないが、後学のために何度か経験したほうがいいかもしれない。

どんなプレーヤーも一度はすっぽかされるので、動揺することはない。相手の番号をアドレス帳から削除して、きれいに忘れることだ。デートの約束が翌日の場合は予防線を張る必要はない。明後日だったら、悪い予感さえしなければ、やはり予防線は必要ないだろう。場所と時間が決まったら、あとはデートに行くだけである。

メールの戦術

この本の初版を書いていたころ、俺にとってメールはほぼ〝圏外〟だった（たしか「時間の無駄」と切り捨てたはず）。しかし、あれから事情はずいぶん変わった。変わったどころか、今では電話よりもメールを使うように勧めているくらいだ。

なにしろ最近モノにした女の子たちとはことごとくメールでやりとりしたからである。彼女たちの電話に伝言を入れても、おそらく無視されただろう。

伝言を聞いた女の子は折り返すつもりがあっても失念することが多い。そして1～2日たつと、折り返すのが面倒になったり、ためらわれたりする。しかし、メールの場合は内気な子や気まぐれな子でも、セックスが嫌いでなければ、返事を寄こす。メール世代の女の子は電話や対面での会話に慣れていないことが多い。

メールでのやりとりにおける禁止事項

メールでのやりとりは、リアルタイムの通話に比べて、ボロが出にくい点は評価できる。しかし電話よりも気を使うし、単調である。電話だったら、メッセージを入れて折り返し連絡をもらい、数分でデートを設定できる。ところが、メールでやりとりすると数時間、いや数日かかることがある。待ち受け画面を見つめながら、たかがデートの日時を決めるのにどうしてこれほど苦労しなければいけないのか首をかしげたくなる。

そんなストレスから解放されるには気長に構えてやきもきしないこと、シンプルなやりとりに徹することだ。電話ではジョークを交えてデートに誘えるが、メールでそれをやるのは危険である。誤解を招くし、不審人物と思われてしまう。メールでは用件を伝えるだけにとどめ、単刀直入にデートに誘うこと。ジョーク、世間話、絵文字は慎む。

知り合ったその日に（「会えて良かった」というような）メールを送るのは〝厳禁〟だ。その理由は3つある。1．ほかの男も同じことをするから、ひとくくりにされる。2．相手をじらすことができない。3．アプローチが成功したのに〝物欲しそうな〟印象を与えてしまう。

初めてメールするタイミングは電話の場合と変わらない。アプローチの2～4日後、時間帯は夜8～9時がベストだ。

具体的なメール例

デートの約束を取りつけるための文例を挙げる。解説とともに参考にしてほしい。

自分：やあジェニー！ルーシュだけど元気？

相手：元気よ。そっちは？

この最初の1行は必ずつける。相手がこちらの番号を登録ずみで、送信元が分かる場合でも書いておくこと。1時間以内に返信がなければ、ゲームオーバーだ。なので1時間後には結果が分かる。この1行には句読点がないことに注目してほしい（末尾の？マークを省いてもかまわない）。ポイントは〝気負わずに〟書いたと見せること。たかがメール、博士論文を書いているわけではない。誤字脱字が混じっても、推敲しないで送信したあかしになるので、ご愛嬌だ。相手の返信にはこう返す――

自分：それは良かった。今週後半遊ぼうか？

「今週後半」は「今週」に変えてもいい。ここでの注意点はふたつ。第一は、**さっそく本題に入ること**（前置きすると永遠に本題に入れない）。第二は、**相手の返事を促している点**で、ボールを投げられた相手は投げ返さなくてはいけない。ほんのわずかでも相手にエネルギーを使わせることが大切だ。デートの誘いにタダで乗らせてはいけない。

相手：了解！
自分：木曜の９時ごろは？

電話でやりとりすれば相手のスケジュールを探ることも可能だが、メールの場合はいきなり適当な日時を提案しなければいけない。当たりをつけるにはアプローチの段階で探りを入れておくこと。電話番号を聞き出し、登録しながら「俺は水曜の夜ならだいたい暇なんだけど……そっちは？」と聞き出す。

平日の夜を狙って、明後日以降の曜日を打診する。翌日は断られる可能性が高いし、当日は論外だ。ところがメールでやりとりしていると、この失敗をよくやってしまう。誘った当日にデートに応じるのは、よほど焦っている女の子だけだろう。深い仲でもない女の子が、誘ったその日にデートに応じることはほとんどない。

当日デートはカノジョかセフレに提案するべきで、知り合ったばかりの女の子にすることではない。メールで手軽にやりとりできるからと言って、勇み足になったり、ゲームの流儀を変えたりしてはダメだ。

提案した日時が相手の都合に合わなくても、相手がデートに乗り気なら別の日を打診してくるはずだ。そのときは、あとで説明する方法に従って日時を決める。相手が「その日は無理」「悪いけど忙しいの」と断ったきり別の日を提案しなかったら、残念だがゲームオーバーと考える。たぶん義理を感じて返信してきただけだろう。

しかし、巻き返す方法は2つある。ひとつは**こちらから別の日を提案する**ことだ。しかし、そもそも相手が代案を出さなかったのだから、成功する見込みは薄い。もうひとつは**放っておく**こと。こちらはお勧めだ。いっさいの連絡を絶ち、数日たったら、メールのやりとりを再開するのである。そのときに送る〝再開メール〟についてはあとで詳しく説明するが、相手のモチベーションが復活したときを狙って送信すると、デートに応じる確率は高くなる。絶対にやってはいけないのは、反応のない相手にしつこくメールを送り続けることだ。

相手がデートの日時に賛成したと仮定して、次に進もう。

相手：オーケーどこにする?

自分：場所は任せて。じゃあ木曜ね

最後にさりげなく念を押すと、デートはおそらく実現する。これは当日までに相手の気が変わらないようにするための予防策だ。翌日に会う予定なら、このメールで待ち合わせ場所を指定してもいいが、そうでなければ当日に場所を知らせる。待ち合わせの４〜５時間前（夜９時に会う予定なら、夕方の４〜５時）に知らせるのがベストだ。そして待ち合わせ場所を通知するには――

自分：やあ。９時にバー●●●でどう?

相手：賛成　じゃあ９時に

こういうレスが返って来れば安心できる。しかし、微妙に違う場合はその後のやりとりが変わってくる。

自分：やあ。９時にバー●●●でどう?

相手：賛成

自分：了解

わずかな違いだが重要だ。最初のレスの「賛成　じゃあ9時に」はデートが確約したことを意味する。これ以上の返信や確認は必要ない。しかし、2番目のレスは「賛成」だけで終わっているから、同意は得たが解釈の余地が残る。そこで「了解」「よろしく」と釘を刺すことが必要になるだろう。

デートに同意した女の子に改めて念を押す必要があるのか――この問題はナンパ師のあいだで永遠の議論を呼ぶだろう。しかし、俺は**"初回のデートに限っては相手にすっぽかす理由を与えてはいけない"**と考える。2回目以降のデートなら、それもある程度関係が進んだら、確認しなくてもいいし、そのほうが相手の気を揉ますことができる。

しかし、初回のデートで確認を省くのはリスクが高い。相手はまだこちらを完全に信用していないはずだから、「あなたが本当に来るかどうか分からなかったから」という口実でドタキャンされてはたまらない。

以上がメールでデートを取りつける手順だ。ポイントは、**用件だけを手短にやりとりする**こと。世間話や近況報告は慎む。間違えても、笑いを取ろうとか決めゼリフを吐こうなどとは思わないこと。肉体関係と信頼関係ができたあとなら、ジョークもくさいセリフも好きなだけ言えるが、つき合いが浅いうちは致命傷になりかねない。

返信のタイミングをうかがうのも大切な心がけだ。相手が15分後に返信してきたら、こちらは10～20分後に返す。向こうが30分なら、こちらは20～40分、向こうが60分なら、こちらは45～75分を目安にしよう。返信するまでの時間にバリエーションをつけて、相手の意表をつく。速攻レスやかなりの遅レスも交える。メール戦術の成否は返信のタイミングにかかっていると言っても過言ではない。焦っていると思われるのは最悪だ。

マイペースで返信していると思わせろ

繰り返すが〝なしのつぶて〟はよくあることだ。メールを送って数時間（あるいは丸1日）たつのに返事がないと、相手の安否が心配になるが、忘れたころにレスが来たら、それは相手がよほどルーズかこちらの出方をうかがっているかである。

レスを待たずに追加のメールを送るのは大きな間違いだ。どんなに待たされようが、電話をかけてもいけない。遅レスが失礼だと思うなら（俺はそう思う）、礼儀知らずの相手にまた連絡してやる義理はどこにもない。そんなことをすれば相手をつけ上がらせるだけである。どっしり構えていればいい。やっと返信が来たら、こちらもたっぷり時間を置いて返信してやろう。

返信の来るタイミングが〝きっかり〟30分後か60分後だったら、相手は駆け引きをしている。こちらに気のないふりをしている（あるいは友達づきあいに忙しいことをアピールしている）だけなので、あながち悪いサインではない。返信のタイミングを計るのはバカバカしい気もするが、物欲しそうな印象を与えずに脈のあるターゲットを落とすためには必要不可欠な心がけだ。早すぎるレスは振られるもと――そう肝に銘じてほしい。

メール戦術が行き詰まったときは、とりあえず気を落ち着ける。返信のタイミングを計り、〝業務連絡〟に徹すれば、まず失敗することはない。この戦術の狙いは脈のあるターゲットを確実にデートに誘うことだ。自己アピールしても意味はない。自分の魅力を直接伝えられなければ、文字で伝えようとしても無駄である。

ときには電話の充電中に返信のタイミングを見直そう。律儀に返信していることが知られてはまずい。●時や●時半など区切りのいい時間にレスするのはやめる。4時や4時半ではなく、4時3分や4時27分に返信するのが好ましい。細かいことを言うようだが、こうした配慮をすることで自分の好きな時間に返信している印象を与えられる。（実際は作為的だが）作為を感じさせないことが大切だ。

最初のデートが無事に終われば、メールのやりとりも自由にできる。調子に乗って余計なことまで書きたくなるが、長文を送るのは3～4度デートして、セックスをすませてからにしよう。

相手からのメールに愛情表現が含まれていたら、調子を合わせてもかまわない。ただし、相手以上に熱い表現にならないように注意する。併走はいいが、追い越しは禁止。次の文例は、初デートの直後に相手から送られてきたもの。俺の場合、3回に1回はこういうメールが来る。

相手：今日は本当に楽しかった！　ごちそうさま♥
自分：俺も楽しかったよ。おやすみこの文例から分かるように、好意的な表現を使うときは相手よりも先に言わないこと、相手よりも控えめに表現することが条件だ。このルールを守れば、相手の友達に陰で笑われたり、バカにされたりすることはないだろう。本文を入力するときに注意すべきは、相手の友達に見られても恥ずかしくない内容かどうかということ。こちらのメールは、ほぼ確実に、相手の友達全員に公開されると思っていい。

やりとりがスムーズにいかず、ストレスがたまることもあるだろう。返事がやたらと遅い子もいれば、じらすだけじらして連絡が途絶える子もいる。そんなときにやりがちなミスが２つある。ひとつは即レス。相手を〝失う〟のを恐れてすぐに返信してしまうのだが、これはまずい。相手はこちらの焦りを察してますます引くだろう。

もうひとつは電話をかけて、話を早くすまそうとすること。はっきり言うが、相手は出ない。自分の思う壺になって、ほくそ笑むことだろう。ピンチに接して慌てふためく姿をさらすのは、あまりにも情けない。翻弄されていると感じた時点で、すでに相手を失っているのだ。肩の力を抜き、悠然と構えて、マイペースで返信するのが何よりである。

再開メール

メール戦術の一環として、さきほど言った〝再開メール〟がある。これは最後のやりとりから数日後に送る。相手がデートの誘いを断ったり、キャンセルしたりと冷ややかな態度を見せたあとに使うと効果的だ。例えば、木曜日の夜に誘ったが、相手は「その日は無理」と返信したきり、別の日を提案しなかったとしよう。そんなときは気を落ち着け、2～3日たってから、改めてメールを送る。メールの内容は他愛ない質問がいい。前回の返信を参考にして「今週末はどうだった?」「●●●はおもしろかった?」などと尋ねる。

再開メールの狙いは相手の反応と気持ちの変化を探ることだ。返信が来るまでに4時間かかり、内容も素っ気のないものだったら、改めてデートに誘う意味はない。しかし、こちらの質問に詳しく答えたり、質問を返したりといった反応があれば、もう1～2回メールをやりとりしたあとにデートに誘う。「今週は忙しい?」と切り出せばいい。

反応の鈍い女の子は誘うだけ無駄である。それは昏睡状態の患者に話しかけるようなものだ。声は届くが返事はない。再開メールは自分の立ち位置を確認すると同時に、相手にエネルギーを使わせる口実にもなる。相手が返信する手間さえ惜しむなら、アドレス帳から削除しよう。

2度目のデートを決めるときもメールを利用するといい。初回のデートがうまくいったら、別れ際に「また近いうちに会おうよ」と言って、相手のスケジュールをさりげなく聞き出す。あくまでも探りを入れるだけで、デートの予定については言及しないこと。相手の返信を読めば、空いている日にちは見当がつく。そのあとのメールで日時を提案し、相手の返信を待って、次に会う日を決める。そのときのやりとりも〝業務連絡〟にとどめること。相手が喜び勇んで返事をくれたら、調子を合わせてもいいが、くれぐれもやりすぎに注意したい（その後レスが来なくなったら、相手がドン引きした証拠だ）。

２度目のデートもうまく行き、その後も会うつもりがあるなら、いよいよ電話の出番だ。初めてかける電話は試金石になる。何度かデートした（寝た）あとでも、相手が電話に出る確率は50パーセントに満たないはずだ。留守電だったら、前に説明した要領で簡単なメッセージを残す。折り返しに２時間以上かかったり、メールで返事が来たりした場合は、相手から電話が来るまでかけてはいけない。電話で話すつもりがない相手に、こちらからかけるべきではない。メール全盛の昨今は恋人同士でも電話でやりとりする機会は少ないかもしれない。**原則として、電話で連絡するのは深い仲になってから、あるいは、その手前まで関係が進んでから**にする。

メールの難点に目をつむることができれば、その恩恵にあやかれる。デートの確約が取れる確率が上がるのだ。俺の場合、メールで誘うと成功率は75パーセント（電話の場合は約66パーセント）。大した違いではないように思えるが、積もり積もれば大きな差になる。今でも電話のほうが得意だが、論より証拠、メールのほうが成功率は高い。人によっては電話のほうが成功率は高いかもしれない。しかし、両方試してみて損はないだろう。

パソコンメール

パソコンは連絡手段としては最悪だが、海外からやりとりするときなど一応の使い道はある。しかし、メールアドレスを手に入れても、電話番号が分からなければ、あまり意味はない。

万一パソコンのアドレスしかゲットできなかったら、電話番号と同じように扱う。つまり、簡単なメールをアプローチの2～4日後に送信する。新ネタや手の込んだひとつ話は書かない。改めての自己紹介も無用だ。

最初のメールに書くことは現在の自分の様子、知り合った日のこと、デートの誘いの3点だ。それを100文字程度にまとめる。例えば**左ページの例**のとおりだ。

相手が乗り気ならすぐに返信してくるはずだ。そうでないなら、返事は永遠に来ないか、来ても「忙しい」とつれなく断られるだろう。前向きな返事が来たら、相手の質問にもれなく回答したあと、「木曜はどう？　電話番号教えてくれる？」と（ここも手短に）返す。

相手の番号が分かったら、その日に電話を入れ、通常の電話作戦とメール作戦でデートの約束を取りつける。相手がパソコンだけでやりとりしたいとふざけたことを言い出したら、嫌味を込めて〝電子文通〟を断ること。あとは相手の出方しだいである。

パソコンでやりとりするのは自由だが、報われることはほとんどないだろう。俺がパソコンに反対なのは、デートの約束を取りつけるのに無駄な時間がかかるからだ。いずれ相手の電話番号が必要になるのだから、最初から手に入れておくべきである。電話だったら2日ですむ話が、パソコンだと1週間かかることもある。

例　最初のパソコンメール

件名（なし）

やあ
今、会社のデスクに座って壁をボーっと眺めてるとこ。いい身分でしょ。土曜の夜は楽しかった。猫好き仲間に会えて良かったよ。今週、飲みに行かない？

ルーシュ

初デートではどうするか

1回のデートを実現させるには何十件もの電話番号を無駄にしなくてはいけない。それだけに、せっかく決まったデートは是非でも成功させなくてはとプレッシャーを感じるかもしれないが、その必要はない。デートはアプローチよりも簡単だ。

相手の気を引く必要はもうないし、女友達やライバルに邪魔される心配もない。会話が途切れても、かえって好感度が上がる。女の子がデートの誘いに応じたのはこちらに気がある証拠。当日はもうひと押しするだけでいい。

デートの準備

しかし、初デートがグループデートになってはいけない。デートの代わりにパーティーに一緒に行こうと言われても断ること。デート中に相手の友達が現れたら警戒しよう。ファーストデートは2人きりで会うのが鉄則だ。そうでないと相手の注意を引きつけ邪魔を排除しなくてはいけないので、アプローチのくり返しになってしまう。

ファーストデートに**着ていくものは無難にまとめる**。友達と遊びに行くなら、原色のパンツや変わったTシャツで人目を引くのもいいが、デートのときは不要である。シンプルで清潔感のある格好がいちばんだ。

デート前にカフェインとビートの効いた音楽で景気をつける奴もいるが、ファーストデートはお祭りではない。女の子と並んで座り、じっくり話をするだけだ。会話中心のデートの前は、口の滑りを良くするのが最高の準備である。友達に電話して雑談につき合ってもらい、言葉がスムーズに出るようにしておこう。

徒歩で、車で、電車で待ち合わせ場所に行くあいだ、デートの目的はセックスであることを今一度思い出す。今日の狙いは自分の見所をアピールすることでもなく、話術を披露することでもなく、笑いを取ることでもなければ、イチャつくことでもない。ずばりデート相手を抱くことだ。笑わせても、話を盛り上げてもいいが、それは最終目的ではない。

彼女をモノにするまで、ほかのことはおあずけだ。2人の今後、体の相性、3P、変態プレイも二の次である。できるだけ早く目的を達成すれば、くだらない駆け引きや女のわがままに振り回されることもない。これから紹介する戦術を使えば、女の子の下半身を簡単に確実に狙える。3度目のデートまでに目的を達成しよう。

幸先の良いスタートを切るには遅刻をすることだ。待ち合わせ場所に早く着いても、周辺をぶらついて時間を稼ぎ、5～10分遅れて登場する。その狙いは、相手の意識を自分の心中に向けさせるためだ。女の子はだいたい心配性だから、デートをすっぽかされたかもしれないと思い始めるだろう。約束どおりに来てしまった後悔よりも、こちらが来るか来ないかのほうが気にかかるはずだ。

そこに満を持して登場する。相手は不安のあまり友達に電話している最中かもしれない。相手の姿が目に入ったら、明るく「やあ」と声をかけ、軽くハグしよう。何があっても花などのプレゼントを持参してはいけない。安っぽい気づかいをすると、最初からベータ男のレッテルを貼られてしまう。

デート中の会話

会話の始め方は電話でやりとりする場合と同じだ。軽くハグしたあと、「元気だった?」と尋ね、最近の出来事や今日の出来事を話題にする。待ち合わせに来る途中で見聞きしたことや道に迷ったことでもいいし、昨日の残業や期末試験の話でもオーケーだ。デート当日の出来事については友達に話すつもりで語る。そうすれば、相手も身の回りの出来事を話し始めるだろう。最初はリラックスできる、肩のこらない話題がいい。軽い話からスタートして、徐々に深い話に入る。

もう気づいていると思うが、ここまでの段取りにキスは含まれていない。すでにキスはすませていてもデートに来るなり舌を入れていいわけではない。また一からムードを盛り上げてキスに臨むべきで、パソコンを再起動するのと同じである。ただし今回は別れ際に実行すること。デートの終盤はキスの先に進むチャンスだ。

カフェで待ち合わせた場合はデザートだけ注文する。このあと飲みに行く予定なら、コーヒーは控えたほうがいい。メニューを見ながら「ここでおしゃべりしてから、店を変えようか。この近くにいいところがあるんだ」と予告しておく。

ここからはお互いを知るための会話を始める。仕事、経歴、子供のころに飼っていたペット、好き嫌い、趣味、海外旅行の経験など、女の子がひととおり知りたいと思うような身の上話を聞かせる。アプローチのときはめずらしい話やハイテンションな話で自分を印象づける必要があるが、ここでは親睦を図り、共通点を探すことがメインだ。

相手の魅力はルックスだけかもしれないが、中身にも関心があることを（ウソでもいいから）示す。どんなに些細なことでもいいから、ふたりの共通点を探る。お互いに犬好きと分かったら**「縁があるね」**とコメントしよう。

お互いの身の上を話すときは〝面接〟にならないように注意したい。さほど苦労しなくても会話は弾み、質問は自然に出てくる。なにしろ、お互いに知り合ったばかりだから、それぞれの経歴、関心事、得意分野など話題には事欠かないはずだ。前章で説明したテーマを活用して、話を膨らませる。

例えば〝仕事〟から〝将来〟に話題を移し、長年の〝夢〟を語る。〝夢〟の話を〝旅行〟につなげ、海外の都市に話を移す。そこから異国でのクラブ体験や各都市の夜遊び文化についてうんちくを傾ける。夜遊びに絡めてアルコールの話、カクテルの作り方、好きな酒について語ってもいい。

酒の次は料理に話題を移し、料理中の失敗談を披露。そこから自宅のキッチンが散らかっていることや昔のルームメイトがだらしなかった話をする。ルームメイトに絡めて、家は買うべきか借りるべきかで意見交換することも可能だ。

その議論から独り暮らしのことや、いまだに親元で暮らしている友達の話をする。親にちなんで、自分の親にまつわるエピソードを披露し、幼いころの思い出話や小学生時代の体験談につなぐ。幼少期の話題から弟や妹、実家で飼っていたペット、やんちゃなハムスターが死んだときの話をし、ハムスターが出てくる映画や好きな映画について語る。こんなふうに話をつなげていけばいいだろう。デートテーマに沿って話を進めると、何の接点もない赤の他人とでも何時間でも話していられる。デート中はオーラを意識し、自分の言葉で知っている範囲のことを話す。難しい言葉を無理に並べるのは見苦しいだけだ。**ネタの仕込みも無用**。デートは長時間に及ぶので、ネタを暗記するのは現実的ではない。

宗教と政治の話は禁物と言われるが、必ずしもそうではない。意見が合えば、親近感が増すからだ。ただし、宗教や政治をめぐって本格的に議論する前に相手に探りを入れ、お互いの見解が一致するかどうか確かめる必要がある。

例えば、定期的に教会に通っているかどうか尋ねて、相手がイエスと言ったら、深い仲になるまで無神論は封印したほうがいい（俺の常套句は「俺は信心深くないけれど、いろんな考えがあっていいと思う」）。前回の大統領選挙で誰に投票したのか尋ねて、嫌いな政治家の名前が返ってきたら、政治の話はやめておく。意見が一致したとしても、議論は1～2分にとどめよう。宗教と政治は色気のないテーマだからだ。

話し始めて45〜60分たったら、次の店に移る準備を始める（店変えの予定がないときは次の「ギアチェンジ」の項を参照）。さりげなく伝票をつかんで支払いをすませよう。最初のデートは自分が選んだ店に相手を招待するのだから、おごるのは自然だし、理にかなっている。相手はワリカンを申し出てくるかもしれない。ただの社交辞令であっても、気を使う姿勢を見せたのは良いサインだ。ワリカンを提案されたら「いいんだ、気にしないで。次回おごってよ」とでも言っておく。

前章で重要なボディタッチを2つ紹介した。〝にらめっこ〟と〝ヘアタッチ〟だ。今度は**〝腕組み〟**について説明する。腕を組むのは次の店に移動するときがチャンスだ。相手の側にひじを出し、腕を取るように促すだけでいい。女の子はすぐに察して反射的に腕を絡めてくるだろう。

反応がなかったら、相手の腕をひじでつつき、わざとらしく咳払いする。それでも相手が察しない（まずあり得ないが）ときは、「おふくろがフランス生まれなんで、小さいころから腕を組んで歩くようにしつけられたんだ」と冗談を言って、腕を取らせる。

店に着くまで腕を組んで歩く必要はないが、**少なくとも数分間**は腕組みをキープする。他愛ないアクションに見えるが、これも立派なスキンシップ。手つなぎに匹敵する愛情表現だ。

ギアチェンジ

お楽しみは次の店から始まる。アルコールが入り、並んで座れる席を確保できるからだ。できればゆったり座れる2人掛けかブース席がいい。ふたりの間を隔てるものがあってはいけない。1杯目を注文し、口をつけたらひと息ついてリラックス。ここから先は今までになく気楽にやりとりできる。

話題を変える

前の店では会話の中心はお互いの身上だったが、今度はユーモアと個人的意見がメインだ。星占いに興味があるかどうか尋ね、今日の運勢を占ってあげるると持ちかける。相手の星座を聞いて、それらしい診断をしたあと「今日はデート運が好調だね」とズバリ的中させて締めくくる。星占いにかこつけて人生、人間関係、仕事、男らしさについて語ろう。コメントはあくまでもポジティブに。自分が熱中しているものについて熱く語る。

ときどき黙り込むのも余裕と自信の表れに見えるだろう。会話が途切れたら、今までのように無理に話をつなぐ必要はない。しばらく相手の目を見つめて椅子にもたれ、酒を飲みながら周囲の客を観察する。近くに座っている2人連れをネタにして、2人はカップルなのか、そうだとしたら何年くらいつき合っているか当てっこする。相手にも会話のリード役を任せる。

ボディタッチ「手相見」

1杯目が終わる前に、ボディタッチの第4弾〝手相占い〟を始める。手相を観てあげると言われて乗ってこない女の子はいない。まずは手相が読めることを宣言する。「母親が近所で評判の手相観だったから、子供のころに薫陶を受けたんだ」とか何とかでっち上げる。相手は怪しむだろうが、気にしない。相手の手を取り、自分の手に重ねて、てのひらをなぞる。目的は（出まかせの）鑑定ではなく、**手に触れることだ**。街で見かけるカップルはどうしているか。たいてい手をつないでいる。

手相を観るポイントはてのひらの生命線、運命線、恋愛線（だと思う。まあ何でもいい）。それぞれの線を指でなぞりながら、前の店で聞いた情報をもとに適当に鑑定する。相手が法律事務所に勤めていて弁護士を目ざしているなら、「向上心があって法曹界入りを目ざしているみたいだけど……？ ああ、やっぱりね。今の職場で修業したいんでしょ？」とコメント。「そんなの占いになっていない」とクレームが来たら、「とんでもない！ 手相にそう出てるよ」と反論し、不機嫌そうな顔を見せる。相手がふざけて手を引っ込めても、その手をつかんで話を続け、〝鑑定〟の邪魔をしないように注意する。相手の手を上げたり、傾けたりしながら、あらゆる角度から見る。

唯一、暗記しておきたいのが恋愛線を鑑定する文句だ。これは最後に言う。**「この恋愛線によると、いい男と出会うよ」と言ったあと、自分の特徴を並べよう**。相手は笑い出すかこちらの顔をまじまじ眺めるだろうが、そしらぬふりで〝鑑定〟を続ける。鑑定が終わったら、しばらくアイコンタクトを取り、ニヤリと笑ってみせる。

手相占いに乗じて相手の体に腕を回す。背中から腰にかけて腕を下ろし、最後はウエストを抱え込むようにする。あからさまにキスを狙うアクションだが、ときには大胆なボディタッチも必要だ。相手が5分おきにメールをチェックしたり、平然とゲップしたり、スキンシップを嫌がったりすれば話は別だが、そうでなければされるがままになって、キスを待つだろう。キスを拒む子は体を離したり、こわばらせたり、ソワソワしたり、わざとらしく時間を気にするものだ。

相手が深く腰掛けていて背中に腕が回せないときは、少し前かがみになるように言う。難しく考えることはない。この時点でふたりとも2～3杯目を飲んでいるはずだから、椅子にもたれたくなるのは当然だ。映画では、わざとらしく伸びをしたあと女の子の背中に腕を回す男が出てくるが、あれを真似て笑いを取るのもありだ。

ウエストに置いた手はしばらくそのままにする。もっと酒が進むと、知的な会話が成立しなくなり、沈黙やアイコンタクトやジョークの応酬が増えるだろう。ろれつが回らなくなってきたと白状してもいい。そうなったら〝イチゴ畑〟で相手の深層心理を探ろう。

俺が初デートでノルマにしているのは腕組み、いんちき手相占い、腕回し、イチゴ畑の4つの戦術だ。ヘマをやっても、他のことは忘れてもいいが、この4つだけは実行し、キスとその先に進むきっかけにしている。

しかし〝是が非でも〟実行しなくてはいけない戦術というのはない。どれを取っても、オーラを醸成するための一助にすぎないからだ。どの戦術もセックスの達成率を上げてはくれるが、たかが数パーセント上げるだけなので、決め手にはならない。

デートはアドリブ勝負の場面が多い。バカ丸出しでは困るが、おもしろおかしく話をすれば十分であって、アカデミー賞を狙う必要も完全を目指す必要もない。**相手に脈があり（そうでなければデートに来ない）、お互いに打ち解け、いくつか戦術を実行すれば、ほぼ確実に親密度は増す**。俺はデートで何度も失敗したが、それでも、ボディタッチだけは欠かさずに実行した。

心理テスト〝イチゴ畑〟

〝イチゴ畑〟は日本発の心理テストだ。心理テストとは特定の状況をイメージしながら設問に答え、自分や相手の深層心理を探るもの。例えば、森の中を歩いているとする。「どんな森だった？」と聞かれて「ジャングル」と答える人は野心家で冒険好きとか。

バカバカしいって？　そのとおりだが、女の子は手相や占星術やこういうテストに目がない。想像の世界に遊べるので、ストレス解消と日ごろの憂さ晴らしにはうってつけらしい。これをデートに利用すると、お互いに親近感が増し、旧知の仲のような錯覚を起こさせる。

心理テストをバカにしておきながらこう言うのも気が引けるが、イチゴ畑の診断は意外と当たる。俺は50人以上の女の子に試したが、その回答には一定のパターンがあり、相手のタイプを見極める手がかりになる。とくに最初の2問は重要だ。心理テストは女の子の遊びだが、男にも実益がある。

テストを始める前に「あのさ、自分の性格が分かる心理テストがあるんだ」と切り出す。相手が興味を示したら、本題に入ろう。「じゃあ、広い野原にいる自分を想像して。季節は春。君はお気に入りの春ファッションで決めている。空を見上げると、鳥たちが輪を描いて飛んでいる。気持ちのいい天気だ。遠くに目をやると、イチゴ畑が見える。畑一面が赤と緑。イチゴは好物だから、畑に向かって歩き出す。ずいぶん長いこと歩いて、やっと畑まで来た。さて、イチゴ畑を囲っている柵はどのくらいの高さだと思う？」

相手が考え込んでしまったら、「柵をイメージできる？　できなかったら『柵はない』でもいいよ」と促す。続いて第2問。「今度は畑の中に入って、熟れたイチゴの間を歩く。どのイチゴも大きくて、みずみずしくて、食べごろだ。こんなにみごとなイチゴは見たことがない。君なら、何個つまんでみる？」

そして最後の質問だ。「イチゴを食べて満足した君は畑から出ようとした。そこに畑の主が現れ、『イチゴを食べたな！』と問答無用で怒りだした。さあ、君なら畑の主になんて言う？」

〝イチゴ畑〟の解釈

1問目の回答には貞操観念が表れる。イチゴは女性にとって快楽と官能の象徴だ。ほとんどの女の子は途中でその主旨に気づくだろう。

イチゴ畑の柵は快楽を妨げるもの――つまり下半身のガードの固さを象徴する。こちらにとってベストな回答は「柵はない」だ。俺は占星術も霊能力も信じないが、相手のイメージした柵が1メートル（腰の高さ）を超えていたら、セックスに臆病と見ていい。その兆候はすでに出ているかもしれない。

反対に、相手が低い柵をイメージしたら、診断結果をアレンジする。まさか「尻が軽いね」とは言えないからだ。そこで「畑の柵は、深い仲になることへのためらいを表すんだ。柵が低いのは、好きになった男と深い仲になるのにためらいがないってこと。高い柵は……とくに1メートル以上の柵を想像したら、深い仲になることを先延ばしにする傾向がある。どうしてなのかは分からないけどね。たぶん恋愛で痛い目に遭ったんじゃないかな」などと表現する。ここで言う〝深い仲〟とはセックスを指すが、解釈の余地を残す表現である。

2問目の答えは性欲や浮気願望を反映する。イチゴ1個はセックス1回に相当するので、「おなかいっぱいになるまでつまむ」と答えた女の子は発展家で経験豊富だろう。結果を伝えるときは「イチゴの数は性欲の表れなんだ。数が少ないのは性生活におおむね満足しているけど、数が多いのは欲求不満でセックスに物足りなさを感じている証拠だね」

女の子は大きい数字を答えることが多いから、この診断は楽しい。相手は驚いてこちらの顔を見るだろう。そう、不満解消の相手はここにいる！

3問目の答えはセックスしたあとのセリフだ。ほとんどの女の子は「すみません」「ごちそうさま」「おいしかったわ」と言う。どれも笑えるが、この回答はあまり当てにならない。

心理テストが終わるころにはデート開始から3時間近くが経過しているはずだ。ここまでの出来をチェックしよう。相手は会話に集中しているか。的確な反応や質問が返ってくるか。冗談を言うと笑うか。ダジャレにも反応するか。体に触れても抵抗しないか。体を離そうとしていないか。理由をつけて早く帰りたがっていないか。

この時点では各項目にチェックがつかなくても仕方がないが、総合評価はきちんと押さえる。つまり、いい雰囲気になってきたかどうかだ。そうだとしたら、相手は気を許している証拠なので、店を出る前に唇を奪う。アプローチの当日にキスしたかしないかは関係ない。

デートのラストスパート――キスをする

しつこいようだが、**最初のデートが終わるまでに唇を奪うことは最低条件**である。例外は相手が処女の場合だけだ。俺が今までモノにした女の子たちは、最初のデートでキスした相手ばかりである。3度目のデートまでに抱くつもりなら（妥当な目標）、ファーストキスは早くすませるに越したことはない。ぐずぐずしているとセックスは遠のき、1人のデート相手を追いかけて危険領域に足を踏み入れることになるかもしれない。そうなったら、相手の言うなりだ。

初デートまでにキスできるかどうかによって、その後の展開が決まる。だから俺はキスを拒んだ相手には電話をかけようとも思わない。セックスに抵抗のない女の子はわんさかいるのに、ひとつの尻を追いかけて結局抱けなかったら、泣くに泣けないだろう。女の子に時間とエネルギーを投じるときはセックスの相手としてふさわしいかどうか見極めなくてはいけない。8回目のデートで〝マグロ〟

と分かってても遅すぎる。釣ってもいない魚に餌をやってはダメである。

ヘアタッチからキスへ進む

デートが盛り上がると自然にエッチな気分になり、セックスしたくなるものだ。相手もデートを楽しんでいる様子なら、ヘアタッチからキスに進む。前回の繰り返しになってもかまわない。会話が途切れたら（会話中は並んで座り、相手の背中に片腕を回し、もう一方の腕を空けておく）、相手の目を見つめて体を寄せる。髪をなでながら相手の口元に目をやり、顔を寄せる。そして、おもむろに唇を合わせる。

この期に及んでキスを拒まれることはほとんどない。キスが嫌なら、腕を回し、体を寄せた時点で抵抗したはずだ。キスすると見せかけて〝お預け〟するのも有効。前章でも説明したが、顔を近づけては離すという動作を2～3回繰り返し、相手をじらす。デートではアプローチのときと違って、お預けはあまり必要ない。長時間の会話で親密なムードはすでに出来上がっているはずだ。

キスの頻度に注意しよう。やたらにキスすると、物欲しそうに思われる。キスは手短に切り上げ、相手に物足りないと思わせることが肝心だ。俺がファーストデートでキスする時間は合計で5分ほど。5分のキスを1回するよりは、1分のキスを5回するほうが好きだ。1回目のキスのあと（毎回、自分から唇を離す）、10分くらい置いて、話の合間に再びキスし、何事もなかったかのように話を続ける。

2回目以降のキスは会話が途切れたときがチャンスだ。気分にまかせて〝お預け〟をしてもいい。唇が重なる寸前で顔を離し、話の続きを始める。キスの時間に変化をつけて、意表をつこう。あるときは1分、あるときは2分、またあるときは20秒という具合だ。長いキスは寝室に連れ込むまで取っておく。じらして（こちらもじれるが）、欲情させてからベッドに誘えば、女の子は抵抗できなくなる。

キスを拒まれたら……

相手がキスを拒んだときは選択肢がふたつある。ひとつは、さらに店を移ること。この選択肢が有効なのは、緊張やためらいが理由で相手がキスに応じない場合だ。それ以外の理由でキスを拒むなら、この選択肢は時間と金の無駄になる。店を変えてもあまり期待はできないが、キスへの抵抗感を和らげることはできるだろう。

もうひとつの選択肢は、ここでデートを終わりにし、別れ際におやすみのキスをすること。相手は人目が気になってキスできないだけかもしれない。そこで、自宅まで送り届けるか駅やバス停で別れるときに、ハグしたついでにキスするチャンスをうかがう。

アルコールの入るデートでキスも許さない女の子には、これ以上コンタクトを取っても無駄である。その場合は、これが最初で最後のチャンスになるだろう。だったら、たとえ下心がミエミエでも全力で唇を奪いに行くべきだ。それでも無理なら、あきらめるしかない。ともあれ、最初のデートが終わるころには相手がいつごろ抱かせてくれるのか見当がつく。

俺だったら、デート相手にキスしたあとは1時間以内に店を出るだろう。長居すると失態をさらす可能性が高くなるからだ。酒とキスが絡むと、男はまともに振る舞えない。押し黙ったり、しつこくキスを迫ったりしたら、せっかくのムードがぶち壊しだ。「そろそろ出ようか」と声をかけ、次のプランに向けて頭を切り換える。次は相手を自宅まで送る段だ。店変えという手もあるが、相手がフルタイムで働いていて明日も出勤なら、おそらく断られるだろう。

女の子の部屋に上がりこむ

理想は車（タクシー）で自宅まで送り届けること。相手の自宅に着いたら、自分も一緒に上がりこもうという算段だ。

最初のデートで女の子の家に上がりこむとはあまりにも図々しい印象だが、こちらの意向を示すためにも毎回チャレンジしたい。相手にその気がないなら、早く知っておくほうがいいからだ。身持ちの固い女の子にはここで嫌われて、振られる可能性がある。

その子も5度目のデートでは抱かせてくれるかもしれないが、長い目で見れば、今振られておくほうがプラスだ。その子を落とすまでのあいだに、もっと気軽にセックスに応じる女の子を何人も抱けるからだ。平日の夜のデートでも、アルコールが入るとセックスまで行ける確率は驚くほど上がる。図々しい男は得をするのだ。

「トイレ貸して」

相手の家に着くまではプランを悟られないようにしよう。そして、いざ着いたら、時代遅れもはなはだしいセリフを繰り出す。「トイレ貸してくれる?」。いかにも見え透いた手口だが効果はある。ひんしゅくを買っても、トイレだけは貸してもらえるだろう。その証拠に、俺はトイレから出てきた直後に相手の家からつまみ出されたことが何度もある。

この白々しいセリフは白々しいからこそ有効だ。今どき、こんな手口を使うナンパ男はいないから、本気で頼んでいるように聞こえる。2度目、3度目のデートでも繰り返し使えるのが便利だ。本当はトイレに行きたくなくても、相手の家の隣が公衆トイレであろうとも気にすることはない。このセリフを定番にしよう。

徒歩や車で女の子を家まで送り届けたら、「トイレ貸してくれる?」と必ず頼む。相手はしばらく考えてから返事をするだろう。返事を渋っているなら、「無理にとは言わないよ」と言う。トイレを貸すのが嫌なら「トイレを掃除してない」とか「ルームメイトを起こしたくない」とか何かしら言い訳をするはずだ。

言い訳されたら、次の作戦に移る。「本当に漏れそうなんだ。このあたりに人目につかない路地はある?」と聞く。やや皮肉を込めて尋ねるのがコツだ。それほど切迫している状況と分かれば、95パーセントの女の子はトイレを貸してくれる。それでもいい返事がもらえなかったら、さらに次の作戦を展開する。ただし、これは自分の車で相手を送り届けた場合にのみ有効だ。「じゃあ、こうしよう。1分以内に車を止める場所が見つからなかったら、俺は帰る。もう限界なんだ」

そう宣言したら、相手がはっきり「ダメ」と言うまで駐車スポットを探すふりをする。

俺はここまで粘って断られたことは一度もない。デートが盛り上がらなかったときですら、トイレを借りることには成功した。繰り返すが、断られたことは〝ただの一度も〟ない。女の子にしてみれば、自宅まで送ってもらった恩があるから、トイレくらいは貸してもいいと考えるだろう。〝トイレにかこつけて上がりこむ作戦〟は、ファストフードのセールストークのようだ。「あと30円プラスすると（トイレを借りると）、ドリンクをLサイズに変更できます（自宅に上がりこめます）」「じゃあ、そうするか」

自分の自宅に誘い込むほうが難しい。相手に覚悟してもらう必要があるからだ。考える時間を与えすぎると、相手のノリは悪くなる。それでも自分の家に持ち帰りたいなら、さりげない誘い文句がある。ひとつは、写真やビデオなどの〝披露したいもの〟を口実にするセリフだ。「ねえ、ちょっと俺のところに寄っていかない？　スペインに行ったときの写真を見せたいんだ」「ねえ、俺のところに寄っていかない？　さっき話したアルバムを一緒に聞こうよ」「ねえ、うちに寄っていかない？　このあいだ旅先で友達が撮ってくれたビデオを見せるよ」などと持ちかける。

ポイントは、自宅でしか楽しめないものをエサにしている点だ。ただし、無理強いは禁物。ついでのように軽く誘うのがコツである。友達を家に呼ぶときと同じ要領でいい。相手がためらったら（たぶんためらうだろう）、制限時間を提案する。金曜の夜であっても「時間は取らせないよ。俺も遅くまで起きてるわけにはいかないんだ。明日は早いから」と言う。そして〝イエスの返事〟を前提に、次の行動に移る。

会計をすませ、駅やタクシー乗り場に向かって歩き出す。相手がきっぱり断るか、「今夜は無理」などと言ったら、そこでおしまい。しかし、ノーの返事がないのは〝軽い女に思われるのが嫌なだけ〟と解釈しよう。腕をつかんで強制連行するのは絶対にダメだが、女の子は男にリードされたがっていることが多い。〝返事がないのはイエスの返事〟と心得よう。

「家飲み」に誘う

誘い文句のふたつ目は、酔いに乗じて〝家飲み〟を持ちかけること。酒が入って陽気な気分になったところで「この続きをうちでやろうよ」と提案すると自然だ。ところがキスした直後に「写真を見せたいから、うちに来て」と言ったら、わざとらしく聞こえる。そういうときは「出ようか？」とだけ声をかける。相手はうなずくはずだ。店を出るときに「俺のところで、もう少し飲もう」と誘えばいい。ここでもイエスの返事を前提にして自宅に向かって歩き出す。相手がためらったら、制限時間を提案する。俺は行きずりの女の子を落とすときに、この手をよく使う。

初デートで〝お持ち帰り〟できなくても、次の週末デートでにぎやかな店に連れ出し、再びトライする（2度目のデートの誘いは初デートの2～3日後にする。曜日は問わない）。デートも2度目になるとひとつ話も尽きてくる。もっぱら楽しいテーマで会話をつなごう。リラックスしてボディタッチに努め、親密なムードとオーラを演出。深い仲になる前は「今夜はきれいだ」などと陳腐なお世辞は言わない。恋心を打ち明けたり、「一緒にいると楽しい」と言うのもダメ。セックスするまではクールに軽妙に振る舞いたい。相手がワリカンを申し出たら、素直に受け入れる。

この第3ステージは、女の子を室内に誘い、**駆け引きをとおしてセックスへの抵抗感を和らげる**ことを狙いにしている。出会ったその日にベッドに直行できれば、このステージは飛ばしてもかまわないが、ここで紹介した戦術は大きな武器になる。というのも、ハイグレードの女の子が成りゆきに任せてセックスに応じることはまずないからだ。狙った相手と室内に入ったら、あとは抱くだけである。

第4ステージ　セックスの前・中・後にやること

セックスという行為を物理学的に説明するなら、勃起した棒状の組織を、湿り気を帯びた洞状の組織に挿入する運動ということになる。男はその棒を出し入れして脳内の快感センサーを刺激し、人類の繁栄に欠かせない子種を射出する。

進化論に照らせば、男の遺伝子はできるだけ多くの女をはらませるように命じるが、女の遺伝子はもっと選り好みするように命じる。子を宿すには大きなリスクと負担が伴うからだ。本来、女がセックスの対象にするのは父親の資格がある男だけだが、避妊法の発明によって、それ以外の男ともセックスできるようになった。避妊は数百万年におよぶ進化の歴史に逆い、男にメリットをもたらした。おかげで今では妊娠の心配をせずに不特定多数の女とセックスできる。

技術と持久力を持て

どんな男がセックスのチャンスに恵まれるのか。それは2大スキルを備えたアルファ男だ。

ひとつ目のスキルはナンパという名の女を魅了する技術。具体的にはキャラクター、話術、スキンシップを駆使して、男の魅力や信頼感や親近感を演出する。例えば、心理テストのイチゴ畑は、それ自体はほとんど役に立たないが、ほかの戦術と併用することでセックスへの好奇心をあおることができる。

ふたつ目のスキルは持久力で、相手の衝動に粘り強く働きかける技術だ。粘るけれども未練がましくはない。女は男と違って、背中を押されないとセックスに踏み込めないものだ。ひとつ目のスキルしか備えていないと、ナンパは〝打ち上げ花火〟で終わってしまう。電話番号やキスは簡単に手に入れることができても、相手がその気を起こしてくれないとセックスには至らないからだ。オーラだけで誘惑するには限界がある。そこに持久力が加わってこそ、最後の目的を果たせるのだ。

女の務めは誘惑に抵抗することである。たとえ最高クラスの男に迫られても、できるだけ抵抗を続けて、女としての価値を上げたいと思っている。早々に体を許したら、軽い女に見られて飽きられてしまう恐れがある。その抵抗は感情ではなく理性のなせる業であり、欲情に逆らっているあかしだ。

そんな抵抗をやめさせるには、懐柔策と心理作戦を使って感情を優位に立たせ、欲情に屈してもらわなければいけない。

つまり、**女の子が〝衝動〟〝成り行き〟〝自然の流れ〟に身を任せられる環境を整える**のだ。抵抗をやめさせるもうひとつの方法はプレッシャー。ハンマーで壁を叩き壊すかのごとく、相手が根負けして降参するまで粘り強く圧力をかける。荒っぽいやり方だが効果はある。どんな人間も相応のプレッシャーをかけられたら白旗を揚げる。女の子を降参させるにはこの2つの方法を併用することにしよう。

室内に入ったらどうする?

前章では、トイレを借りる口実で女の子の自宅に上がり込むところまで説明した。旅行の写真を見せると言って自分の家に招き入れたと仮定してもいい。あるいは、アプローチの当日にターゲットをどこかの一室に連れ込むこともあるだろう。いずれにしても、室内に入ったら、すでにキスは済ませたかもしれないが、前述したテクニックを駆使して唇を奪おう。

いきなり始めるな

ただし、部屋に入るなりキスやペッティングを始めるのはヤボというもの。トイレを借りたあとにしばらくリビングを眺めて、そこに置いてある写真や本についてコメントしたり、質問したりする。

相手に警戒されないためにも、最初の5分は体に触れないこと。その5分間で「明日は早いから帰ってほしい」と言われるかもしれないが、それは退場を促しているのであって、セックスを拒否しているのではない。その場合はハグだけして帰ろう。ハグのついでにヒップを軽くつかんでもいい。

しかし、その5分間でレッドカードが出なかったら、それはゴーサインと見る。セックスまであと一歩だ。相手が家の中を案内してくれたら、両手でウエストを抱えてついて行き、頃合いを見てボディタッチやキスに入る。リビングでしばらくイチャついてから、別の部屋に移動してもいいが、本格的な前戯は最終目的地（寝室）でやるのが何よりだ。そうすれば、部屋を移動することなく一気に攻め込める。

寝室を見る

寝室に入るのは自宅に上がり込むのと同様に難しい。最後の砦とばかりに寝室を見せたがらない女の子もいる。そんなときは「俺にとっては大事なことなんだ。ベッドを見れば女の子が分かるからね。枕の数に性格が出るんだ」などと言ってベッドルームを見せてもらう。寝室を見ることが相手を知るうえでいかに重要か、真顔で訴えるのがポイントだ。

もちろん、デタラメであることは自明の理だが、この屁理屈は使える。女の子にとっては男を寝室に入れる口実になる。それでも拒まれたら、リビングにとどまろう。自宅に連れ込んだ場合は寝室に入れるのも簡単だ。家の中を案内するついでに〝見せたいもの（ドラえもんの枕など）〟があると言って寝室に招き入れればいい。

男が女を欲情させるのは間違いだ。本来は、女が男をその気にさせるべきである。男たるもの、ベッドに仰向けになったら、あとは女の子に服を脱がしてもらい、イチモツをくわえさせるのが筋だ。いずれは獰猛な肉食系女子と一戦を交える機会もあるはずだが、初めてベッドインする相手に対して「獰猛になれ」とは言えない。そこで服を脱がす、下半身を愛撫するといった重要なアクションはこちらが率先して行う必要がある。相手に期待するのは無理というものだ。

セックスへの誘導は複数の結末がある小説に似ている。女の子を寝室に入れたら、セックスに通じる道はいくつもあるが、同じ道を通ることは二度とないだろう。これから説明するのは無理なく確実に実行できる誘導法だ。

女の子の抵抗を和らげるための基本的なアクションとセリフを紹介するが、状況や相手の出方に合わせて臨機応変にアレンジしよう。ここで取り上げていないアクションでも、相手が敏感に反応したら、心に留めることだ。

ペッティング

2人きりで室内にいることになじんできたら、唇を合わせ、相手の全身をまさぐる。ヒップはいいが、胸や陰部にはまだ触れてはいけない。ヒップから腿にかけて手を這わせ、内腿をさすったり、つかんだりしよう。陰部の近くに手が来ると、相手は両脚を閉じるかもしれないが、自然な反応なので気にする必要はない。首や耳にも唇を這わせ、キスをだんだん濃密にしていく。舌を深く絡め、歯を使い、息づかいを荒くする。

相手の反応はどうだろう?　ペッティングを楽しんでいるか、心地悪そうにしていないか、手を払いのけるなどの拒絶反応を示していないか。目を閉じてキスに没頭しているか。及び腰になっていないか。こちらの耳をかむ、首筋にキスするなど積極的な動きを見せているか。ムードが盛り上がってきたら「寝室に行こう」と声をかける。

寝室に入ったら、バストを重点的に攻める。相手の上半身を隅々までさすり、バストに手を伸ばす。腰や腹部をなでる要領で片方のバストにも手を這わす。ここまで来てバストタッチを拒否する女の子はいないだろう。バストタッチはヒップをつかまれるのと感触が似ている。バストの周辺で手を往復させたら、その手をバストの上で止め、軽く揉む。抵抗されなかったら、その手を顔、髪、肩、ヒップ、手、脚に伸ばし、なでたり、さすったり、揉んだりしよう。お互いに興奮していく過程を楽しむこと。

次は陰部だ。バストタッチと同じ要領で服の上から両脚の間に手を差し入れ、相手の反応をうかがう。嫌がる様子がなければ、そのまま陰部をなで、指を押し当てる。服の上から陰部に触れるのは相手を興奮させるためであって、イカせるためではない。ここで初めて抵抗されるかもしれないが、陰部タッチをクリアしないと次の段階に進めない。

〝ダメ〟には2種類ある。〝永久にダメ〟と〝今はダメ〟だ。前者のダメは対処のしようがないが、後者はどうにかなる。どの時点でも抵抗されたら、中断するのが原則だ。軽く微笑み、手を止めて、体を離す。

ためらう相手に理解を示し、「無理強いはしたくないから、嫌ならいいんだ」とフォローする。フォローするのは信頼を得るためだ。相手の限界を受け入れる自制心のある男、安心して身を任せられる男と思わせることが大切である。

こちらが体を離すことで、2人のあいだに微妙な隔たりができる。この気まずい隔たりを解消するには、女の子のほうからキスするなりタッチするなりして距離を詰めなければいけない。相手が隔たりを埋めようとしなかったら、今日はここまでと割り切ろう。

いずれにしても待ったをかけられたら、最初からやり直す。ゲームの途中で自分のキャラクターが死んだときと同じように、リセットボタンを押すのだ。もう一度キスとタッチから始めて、同じことを繰り返す。10～15分前に抵抗されたペッティングが2回目はすんなり受け入れられるかもしれない。2回目も待ったがかかったら、また最初からスタートする。3回目も同じだ。少しでも前進していると感じられるうちは何度でもリセットする。

おそらく2～3回目の挑戦でクリアできるだろう。しかし、次の局面で再び抵抗に遭うかもしれない。半裸になってベッドインしたのに、そこで抵抗されたときは、しばらく添い寝をしてリラックスしたあと、タッチやキスを再開する。唇を軽く押し当てて離すといったじらし戦術も効果的だ。抵抗を和らげるどころか全面降伏させることも可能である。

相手の抵抗は想定内なので、戦意を喪失しないこと。昔の俺は寝室まで来て抵抗されるのが嫌だった。抵抗されるのは嫌われた証拠と考えていたが、それは間違いだった。ある女の子と初めてデートしたとき、パンティを脱がせる段になってしつこく抵抗されたことがある。7回抵抗されて、ついにあきらめた。ところが次のデートでは簡単にモノにできたのだ。

忘れないでほしい。女の子は強引に求めてくる男に弱い。その気になるのを待つだけの男にはなびかない。リセット作戦は相手が文句を言うまで続けること。相手が本気で嫌がっているなら、キスに応じなくなるなど態度に出るはずだ。「強引なのね」と嫌味を言われたぐらいで怖じ気づいてはいけない。

陰部タッチを無事にクリアしたら、次はこちらの股間を握らせる。寝室でのアクションとしてはもっとも大事な局面だ。大胆な手だが、効果は絶大。今まではボディタッチの大半をこちらが先導してきたが、今度は女の子にバトンを渡す。

相手の手を優しくつかんで股間に誘導し、ズボンの上からイチモツにあてがう。相手がいつまで握っているかによって、挿入まで行けるかどうかが分かる。相手がイチモツを握り続けてくれたら、行ける確率はほぼ１００パーセントだが、熱湯に触れたときのように手を引っ込めてしまったら、その日は家に帰ってエッチな動画を見るしかない。できれば10秒間は握りしめてほしいものだ。10秒では短いようだが、確信を得るには十分である。相手が股間に関心を示さないのは一種の抵抗なので、リセットが必要になる。

服を脱がせる手順

股間を握らせたあとは服を脱がす。ここまでの所要時間にとくに目安はない。どれだけ時間がかかるかは相手によりけりだし、どれだけ抵抗されたかによっても変わる。俺の場合は寝室に入ってから服に手をかけるまでに15〜45分くらいだろうか。しかし、激しい抵抗に遭うと2時間かかることもある。さらに着ているものをひとつずつ脱がすたびに、数分間のインターバルが必要だ。

トップス、靴下、ボトムス、下着

最初に手をかけるのはシャツなどのトップス。抵抗に遭うことが多いが、シャツを脱がす方法はふたつある。こちらが脱がすか本人に脱いでもらうかだ。本人に脱がせるなら、自信をもって命じること。そうでないと臆病なベータ男に思われてしまう。「シャツを脱いで」と当たり前のように言う。命令口調やお願い口調になってはいけない。「今日はいい天気だ」とつぶやくときのように淡々と言うこと。

俺が「シャツを脱いで」と言うのは、女の子が俺の上に馬乗りになったときだ。すぐに脱ぐ子もいれば、そうでない子もいる。後者は「脱いでほしい？　だったら『お願いします』でしょ？」などとじらしてくる。この場合は「お願いします」と言えば脱いでくれるのだから、素直にお願いする。ベッドの中では多少の主導権を握らせてもかまわない。相手が脱ぐのをためらったら、「じゃあ、俺がやろうか」と言って脱がしにかかる。

何も言わずに脱がすのもありだが、その場合は相手の上半身に手を這わせながら、ゆっくりとシャツをたくし上げよう。1分くらい様子を見て、相手が嫌がらなかったら、完全に脱がせる。たぶん相手は途中で手伝ってくれるだろうし、自分で脱ぎ出すかもしれない。

こちらが服を脱ぐのは相手が脱いでからにする。先にすっぽんぽんになって、相手が脱ぐのを拒否したら、あまりにもみっともない。女の子のシャツを脱がせたら、1～2分置いて、自分も脱ぐ。「俺も脱ぐよ。そうすればおあいこだ」と声をかけてもいい。

次は靴下（ストッキング）だ。相手に続いて自分も脱ぐ。靴下を脱がすのに抵抗されることはめったにないが、万一抵抗されたら、靴下は飛ばして、次に進む。靴下は、シャツと違って、脱がさなければいけないものでもない。ほかの衣類を脱がせたあとに再びチャレンジすることも可能だ（靴下を履いたままの女の子とセックスしたことがあるが、変態プレイの雰囲気を味わうことができた）。

今度はパンツ（スカート）。うまくいったら、挿入できる確率は75パーセントに跳ね上がる。まずは自分のベルトをゆるめよう。この先の展開を相手に予告し、反応を見る。「どうしてベルトをゆるめるの？」と聞かれたら、悪いサイン。何も言われなかったら良いサインだ。

パンツ少しずつ脱がす。ひとつの動作がすんだら、1分ほど置いて、次の動作に移る。相手がベルトをしていたらベルトをゆるめ、次にボタンを外し、続いてチャックを下ろして、最後にパンツを下げる。ウエストのところでパンツが引っかかり、うまく下ろすことができなかったら「ちょっと手伝って」と頼む。相手は手を貸すか自分で脱ぐだろう。ここで抵抗されたら「リラックスしてもらおうと思ったんだ」と言って、リセットする。

相手が脱いだら、すぐに自分のズボンを下ろす。これで相手はブラジャーとパンティ、自分はブリーフ（ボクサー）1枚になった。いよいよ女の子の陰部をじかに刺激するときが来た。イカせようとする男は多いが、そこまでやる必要はない。しばらく指先でもてあそび、濡れてくるのを楽しんだら、次のステップに移って構わない。

まずはパンティの上から陰部をやさしくさすり、パンティの中に指を入れる。その指を膣に沿って這わせたあと、中に挿入し、ゆっくり抜き差しする。待ったがかかったら、抵抗と受け止めてリセットする。相手がこちらの手をつかみ、動きを誘導したら、それは良好なサインだ。

この期に及んで女の子は妙な言い訳を始めることがある。よく言うのが「いつもはこんなことしないんだけど」「早すぎるかしら」だ。ここで理性が目覚めては困るので、何を言われてもうなずき、議論にならないように注意する。無難な受け答えとしては「俺だって、いつもはこうじゃないよ」「そうだね。早すぎるかもしれない」だ。そう言いながらも手を休めてはいけない。

たびたび抵抗されたり、一人相撲を取っているように感じたり、「今夜はどうしてもダメ！」と宣言されたりした場合は徐々にテンションを下げ、明日は朝から予定があるふりをして帰り支度をする（お泊まりするなら話は別。その場合は時間を置くか翌朝に再度トライする）。

退場を余儀なくされても、友好的に別れること。すねた顔や怒った表情を見せてはいけない。こちらは男だからセックスしたかった、相手は女だから抵抗した、それだけの話だ。別れ際には必ずハグをする。最後は「今日は楽しかった。（また会う気があるなら）また連絡するよ」と言おう。

一方、ここまでどうにか順調に来たら、次はブラジャーに着手する。

ブラの構造を知らないと、少しやっかいかもしれない。ブラジャーの大半は背面にホックが2～3

個ついている。ホックの部分を指でつまんで離すと、ホックをまとめて外すことができる。女の子がこちらの膝に乗っていると外しやすい。ブラのホックは、シャツのボタンと一緒で、正面から見て左についている。もし上手に外せなかったら「手を貸して」と頼めばいい。相手は笑いながら自分で外すだろう。俺も以前は女の子に頼んでいたから、外せなくても気にすることはないが、やはり自力で外すに越したことはない。

ホックが外れたら、1〜2分手を休め、それからブラ本体を取る。相手はすでに下着姿になっているので、よほど胸にコンプレックスがないかぎり、抵抗される心配はないだろう。バストがあらわになったら軽く唇を押し当ててもいい。相手がブラを脱ぐのを嫌がっても、セックスに乗り気だったら、このステップは飛ばして次に進む。

最後はパンティだ。パンティを脱がして挿入できないケースはほぼ皆無。パンティ＝セックスと考えていい。それだけに、今まで抵抗しなかった女の子も、ここで待ったをかけることがある。その場合はこれまで説明してきたとおり、リセットすればいい。10〜15分あいだを置いて、何度でも仕切り直す。

最後の抵抗には持久力で対抗する。パンティの両サイドに手をかけ、最初は数センチだけ下ろして相手の反応を見る。1分を過ぎても抵抗されなかったら、一気に下ろす。ここまで来たら、あとひと息だ。

目的達成！

パンティを脱がしたら、ゴールは直前に迫っている。が、俺は急がない。お楽しみはできるだけあとに取っておきたいからだ。女の子をギリギリまでじらせば、本番は充実し、思い出深いものになる。相手がねだってもやらない。相手が待ちきれなくなったときにやるのだ。引き続き全身を愛撫し、キスして、歯を立てる。女の子にねだられるのはじつに気分が良い。ファーストデートでそれを期待するのは無理かもしれないが、その光景を想像してほしい。

そろそろ相手はしびれを切らし、こちらの股間に手を伸ばしてパンツの上からイチモツをいじり始めるだろう。パンツから引っ張り出すかもしれない。股間を自由に触らせてやる。そのあいだ、こちらも相手の陰部を刺激し、愛液を陰部全体にのばして挿入に備える。それから、ゆっくりと自分のパンツを下ろそう。まずは尻の下まで下げ、数分してから、完全に脱ぐ。これで2人とも全裸だ。下半身が直接触れ合うところまで来た。

コンドームは必ずつけること

いい機会なので、ここで性病の話をしたい。ナンパ師のあいだでは「性病をもらって一人前」というジョークがある。はっきり言うが、ヘルペスやケジラミといった軽いものを含めれば、誰もが一生に一度は性感染症にかかるだろう。

セックスはバイクに乗るのと一緒だ。楽しいけれど危険ととなり合わせであり、リスクを減らすことはできるが、ゼロにはできない。コンドームを欠かさず使っても股間がかぶれることはある。

そこで提案したい。できるかぎりの予防に努め、ライフスタイルは変えないこと。コンドームは毎回必ず装着し、万一何かに感染しても、パニックを起こしたり、後悔したりしないこと。きちんと病院に行き、男らしく対処する。かぶれるのも嫌だと言うなら、このゲームは向いていない。

2人とも全裸になった今、イチモツをヴァギナに密着させるときは注意が必要だ。興奮のあまり、避妊を忘れて本番を迎えてしまうことがある。女の子にイチモツをつかまれ、ナマで入れるように促されても、コンドームは〝必ず〟つける。「コンドーム、持ってる？」と注意してもらえたら幸いだが、女の子から言い出すことはほとんどない。そこで、挿入前にスマートにゴムをつける方法を習得したい。

「念のために着けさせて」。このセリフを頭に叩き込もう。こう言われて反対する女の子はまずいない。挿入を宣言しているわけではないからだ。それに、このタイミングなら女の子をしらけさせずに装着できる。キスをしながら相手の気をそらし、そのあいだにゴムを取り出して、すばやく着けよう。女の子に先のことを考えさせてはいけない。

繰り返すが、相手が我に返ってはまずいのだ。理性を取り戻した女の子は途中でやめる口実を考える始めるものだ。セックスの初心者はゴムを手際よくつける練習をしておこう。

「念のために〜」と言われて警戒する女の子もいないではない。そのときのために受け答えを用意しておこう。ここまで来て後戻りはできないし、次回のデートまでおあずけにされてはたまらない。女の子が「なんで?」「何のこと?」と聞いてきたら、「密着させるから、お互いの安全を考えないと」と説明し、問答無用でゴムを取り出して着ける。

抵抗されたら粘ったほうがいいのだが、**〝無理強い〟だけは絶対にいけない。相手が「やめて」と言ったら、すぐにやめること。**今まで説明してきたアクションはあくまで〝尻軽女〟に思われたくない女心を解きほぐすための戦術であって、本当に嫌がっている女の子を力ずくでモノにするためではない。それはレイプであり、重大な犯罪だ。

ゴムを着けたら、30秒以内にイチモツを陰部に密着させ、こすする。相手が十分に濡れていなかったら、指で愛撫して愛液を出させるか、手にツバをつけて自分のものを濡らす。イチモツの先端で挿入口を探り当て、ゆっくりと挿入を開始する。これで目的は達成！　自分をほめてやろう。

テクニックのレベルにこだわる必要はない。あくまでも自分好みのセックスを貫く。スローに突くのが好きなら、スローにやればいいし、手荒なセックスが好きなら、手荒にすればいい。相手が文句を言うまで自分本位でかまわないし、文句が出ることもほとんどないだろう。女の子が大胆かつ激しいのには、いつも驚かされる。

セックスは本来楽しいものだから、あまり結果にこだわってはいけない。行為の最中に「こういうの好き?」ぐらいは聞いてもいいが、感じたかどうかをいちいち確かめないこと。終わったあとにイッたかどうか尋ねるのも感心しない。快楽を求める女の子は自分からこうしてほしいとリクエストする。相手の反応を気にしていたら、自分の楽しみが半減するだけだし、気にしたところで相手が満足する保証にならない。

セックスが終わり、沈黙が訪れると、何か言いたくなるが、そこはこらえてクールに振る舞う。言葉は少ないほどいい。相手はこちらが何を考えているのか不安になり、探りたくなるだろう。俺の場合はとくにそうだが、セックスのあとはだいたい余計なことを口走ってしまう。口を動かす代わりに相手に触れ、髪をなで、抱きしめて、眠ってしまうほうがいい。セックスは一大事ではない。好きな者同士が行う自然な行為だ。セックスの前後で女の子への接し方を変えないこと。肉体関係ができたからといって、独占欲を出したり、惚れた弱みを見せたりしないことだ。

以上が女の子を抱く手順だ。やっかいなのはベッドに誘い込むまでだが、説明した手順に従えば、難しくはないだろう。本当に難しいのは最後まで相手の興味を引きつけることで、元を正せば、アプローチ当日の最初の30分にかかっている。要するに、アプローチの出来しだいで、抱ける女の子の数と質が決まるのだ。

何回目のデートで抱くべきか？

俺は3回目のデートまでにセックスすることを目標にしている。最初のデートはカフェとバーの二本立て。2回目は週末のクラブデート。3回目は平日の寿司バーデートだ。

最初のデートで目標をクリアできないときは次回に望みをつなぐ。そして、別れ際に「今度は週末にいい店に案内するよ」と予告する。2回目のデートで早くも〝ゴールデンタイム〟に進出するのだ。

具体的なプランを明かすと物欲しそうに思われるので、次の金曜か土曜を空けておくように伝え、詳しいことが決まったら連絡すると言っておく。相手の都合で次の週末に会えないときは、翌週末まで連絡を絶やさないようにする。平日のデートを続けるのは得策ではない。翌日に仕事があると〝お泊まり〟できないので、セックスの絶好の機会を逃すことになる。相手にデートの連絡をするときは必ず伝言を残し、相手が出たときは長話にならないように注意する。電話は自分のほうから切ること。「今から洗濯しなくちゃ」とか何とか言って、話を切り上げる。

2回目のデートは楽しくにぎやかなのがいい。俺はクラブハウスに連れて行くことにしている。相手と気が合わない場合は、できるだけ騒がしいクラブハウスに案内し、会話を避け、相性の悪さが露呈しないように努める。踊りが苦手でも心配することはない。バーのカウンターかフロアの柱にもたれて、デート相手が踊るのをながめていればいいのだ。俺はひいきの店をデート場所に選ぶ。そうすれば、デート相手が不機嫌でも、あまり気にならないし、なじみの客としゃべることもできるからだ。

3回目のデートでも目標をクリアできそうになかったら、男女の仲をテーマにしたひとつ話を聞かせる。デート前の電話でその話を披露することもある。このひとつ話をどう会話の中に織り交ぜるかは難しいところだが、こちらの意向を知ってもらうためにも欠かせないプロセスだ。そのひとつ話というのは――

「俺の経験から言うと、縁あって知り合った女の子とはすぐに深い仲になれる。お互いに惹かれあって、一緒にいるのが楽しいなら、ずっと手をつないでいたくなる。体の結びつきって大事だよね。そう思わない？」

このひとつ話は〝期限〟が迫っていることを相手に気づかせるのが狙いだ。「やらせてくれ」と頼み込むのは論外だが、そそのかすマネもいけない。男の悪あがきは相手を興ざめさせるだけだ。

押しが足りない場合は反省が必要だが、デート3回で完全に落とせなくても原因を深追いしてはいけない。不発に終わったアプローチをいちいち検証しても意味がないのと同じで、1人の女の子が脚を開かなかったからと言って悩んでみても仕方がない。あと一歩のところ（愛撫やオーラルセックス）まで来たなら、もう1～2回デートすれば、目的は果たせるはずだ。ただし、3回のデートを6回まで延長するのは最後の手段にする。この時代、女の価値をアピールするのに4回以上のデートは必要ない。抱かれる気もないのにデートに来る女の子は、せめてデート代をもつべきだ。

1人の女の子にこだわると深みにはまるだけである。どれほど時間と金をかけた相手でも、こちらのルールに従わず、見返りも期待できないなら、見限ること。血迷っても出口は見つかる。ちまたには簡単に抱かせてくれるハイグレードな女の子がたくさんいるからだ。俺も自分のルールを曲げてデートを延長したことがあったが、いつも期待外れに終わった。一度決めたルールは守り通そう。今どきの女の子に猶予を与えるなら、3回のデートで十分だ。

セックス後の付き合い

セックスしても気持ちの変わらない女の子は勝手な振る舞いが減り、気づかいを見せることが多くなる。2人の仲はギブ&テイクの関係にシフトしていくだろう。相手が献身しているかどうか常にチェックする。今でもワリカンを申し出るか。自分から会話やスキンシップを始めるか。こちらをリラックスさせよう（喜ばせよう）としているか。

セックス後も関係を続けていけるかどうかはお互いの気持ちと努力にかかっている。相手を大切に思うなら、セックス前と変わらない態度で接する。相手のギブとこちらのギブが同等になったら、相手に注ぐエネルギーを徐々に増やし、相手の献身が追いつくのを待つ。その状態がしばらく続けば、2人の関係は新しい局面に入る。自分のほうが多少尽くす程度ならかまわないが、一方的に尽くすのはまずい。

ギブ&テイクを忘れないこと

体の関係ができたあとに男がよくやるミスは、電話戦術をおろそかにすることだ。好きなときに好きなだけくだらないことをしゃべって、メールして、電話が来るとワンコールで出てしまう。忘れてもらっては困る。**つねに女の子を翻弄し、「この人、私のことが本当に好きかしら?」と思わせることは男のたしなみだ。**

相手が返信に2時間かけたら、自分も2時間かける。相手が2回に1回しか電話に出ないなら、自分もそうする。相手が伝言を残さないなら、自分も残さない。そのうち相手はこちらが態度を真似ていることに気づくはずだ。そして、こちらのことが本当に好きなら、態度を改めようとするだろう。セックスした直後に相手に感傷的なメールを送ったり、電話をかけたりしたら、物欲しそうな男に見られて軽くあしらわれる。

俺がメールを送るのはセックスしてから2日後だ。1日空けることで相手を動揺させるのが狙いだが、1日だけならパニックに陥れることはない。例えば、金曜の夜に相手の家でセックスしてそのまま一夜を明かし、土曜の朝に帰るとしたら、連絡するのは月曜の夜にする。

酔った勢いで電話やメールをするのは避けること。くだを巻いて、あらぬことを口走り、今までの努力をだいなしにしてはいけない。飲んでいる最中に電話をかけるのは計画性のない男のやることだ。俺が女だったら、夜中に電話してきて意味不明な下ネタを連発するような男はゴメンだ。酔って電話する癖があるなら、電話は家に置いてくるのが無難だろう。

体の関係ができたあとは、相手をさとして自分のルールに従わせることが簡単になる。知り合ったばかりで注意しても、女の子は〝口うるさい偉そうな男〟と思うだけだろう。しかし、体を許した相手となれば、むげにはできない。こちらの注意を真剣に聞くはずだ。その結果、口ゲンカに発展する可能性もあるが、そのぶん刺激になる。男女関係の敵は馴れ合いであり、ケンカではない。

俺は横着な態度に厳しいので、もっぱらその点を注意する。本人を前にして冷静に指摘する――僕は君と会うために骨を折っているが、君はそれに甘えている。ひとりで頑張るには限界がある。このままでは君とつき合っていく自信がない。そう言われた相手は反発し、俺の至らないところを具体的に挙げてくるので、かなり激しい口論になる。しかし、こうやってケンカすると、俺が何を望み、何を嫌がるのか分からせることができる。

セックスに消極的なことや生活態度がだらしない点を指摘してもいい。頭ごなしに非難してはいけないが、言うべきことははっきり言う。脅すのではなく、自分の考えを主張する。相手が態度を改めないなら「友達でいよう」と別れをちらつかせるのもありだ。

4回目以降のデートについて大まかな心得を紹介する。いちばん大事な心得は相手に出方を読まれないこと。やることなすことにバリエーションをつけて相手をかく乱する。いつ電話が来るのか、今度のデートはいつどこになるのか、相手は気を揉むだろう。毎週土曜日に同じクラブに連れて行くといったワンパターンなデートは避ける。相手に会うのは週に2度まで。毎日は電話しない。電話で「今日は何してたの?」などと友達に聞くようなことは聞かない。ヤボな話をするくらいなら黙っているほうがましだ。

ときには「何してるの?」と突然の電話で不意を突く。ユニークなデートスポットを探し、突飛なデートコースを考える。スロットマシンが人を病みつきにするのはいつ当たりが出るか予想がつかないからだ。スロットマシンを見習おう。

相手がよそよそしい態度に出たら、こちらはもっとよそよそしくする。つき合いの長い恋人に対しても、そういう姿勢で接することだ。無理難題を言われたら、もっと大きな無理難題を突き返す。ベッドで冷たくされたら、それ以上に冷たくする。向こうが口をきかないなら、こっちは倍の期間、口をきかない。

2人の仲が険悪になると、つい謝ったり低姿勢になったりしがちだが、あえてその逆をやる。険悪なムードをもっと険悪にして、相手の思うつぼにはならないことを知らしめる。そうすれば、相手のほうが先に折れるだろう。

恋人認定はすぐにしない

カノジョと認めるのはできるだけ後回しにする。正式に恋人同士になると、他の女の子にちょっかいを出しづらくなるからだ。現時点で相手にセフレの男がいても、さほど心配しなくていい。とかく女の子は彼氏ができると一途になり、それ以外の男には見向きもしなくなる。もちろん、カノジョとして認めてもらうために他の男の存在をちらつかせることはあるだろう。

特定の女の子と数カ月ほど続き、その子が「カノジョにしてくれないなら別れる」と言い出したときは、恋人にする価値があるかどうか真剣に考えなくてはいけない。一緒にいて楽しく、ルックスも合格なら、カノジョにしてもいいだろう。しかし、結婚を考えていないなら、ほかの子に乗り換える可能性も視野に入れておくべきだ。浮気も結構だが、だいたいバレる。

〝女の務めは男に忠誠を誓わせること〟と心得よう。ステディな関係になるのは女にはメリットがあるが、男にはない。1人の女の子ために今の自由を手放していいのかどうか、よく考えること。そして結婚についてだが、1〜2年以内に子供が欲しい場合をのぞいて、しないほうがいいと俺は思っている。女性から得られるさまざまな特典は、物理的なものも精神的なものも含めて、結婚しなくても手に入れることができる。

男に生まれて良かったことは、いくつになっても恋愛の対象でいられることだ。肉体的には20代前半がピークだが、そのピークをとうに過ぎた男のほうが女性に一目置かれる。その理由は〝財力にある〟と人は言うが、俺は経験値だと思う。時間と研究と実戦を重ねるうちに、女を見初め、魅了し、興奮させ、手なずけることに精通していくのだろう。ゲームの修行中に、特定の女の子と長くつき合うのは危険だ。大切な修業の機会を失ってしまうからである。ハイグレードな女の子は当然キープするべきだが、その前に十分な修業を積んでハイグレードの定義を理解しなくてはいけない。

そのためにはカノジョを作らないのが得策だ。昔は好みだった女の子も、今の俺には圏外だ。いろいろな女の子と知り合って初めて、自分にふさわしいタイプが分かる。

うまい別れ方

つき合いが長引くと、残念ながら相手に嫌気が差してくることがある。そうなったら、振られる前に振ることだ。そのほうが別れたあとも体の関係を続けやすい。先に振られてはいけない。女の子は分かりやすいから、別れを考えているなら、顔に出るはずだ。

別れ方その1 〝絶交〟

いっさいの連絡を絶ち、電話が来ても出ない。俺がこの方法をよく使うのは2～3回目のデートで熱が冷めた場合だ。まだつき合いが浅いので一方的に連絡を絶っても相手はさほど気にしない。知り合いのなかには数カ月デートしたあとに、この手を使う奴もいる。

別れ方その2 〝うそギレ〟

相手の言動に過剰反応し、不快感をあらわにする。例えば、相手に少しでも批判されたら「不満だらけの女の子とは話もしたくない！」とオーバーにキレる。相手が1日たって電話をかけ直してきたら「いい加減な女は好きじゃない！」と激怒する。

こうして気まずいやりとりをしたあと、きっぱりと連絡を絶つ。相手はこのときのケンカが原因で振られたと思うだろうが、本当の原因は別にあったりする。俺は3回のデートで愛想が尽きたときにこの手を使うが、短時間で事がすむので気に入っている。

別れ方その3 〝元さや〟

これは多少の計画と時間を要するが、体の関係を続けていける可能性が高いので、うまみがある。まずは元カノから復縁を迫られていることを相談する。詳しい説明は避けること。「元カノとはとっくに終わったから、今さら会うつもりはない」とだけ言っておく。それから1週間くらい、その話をしない。そして1週間後に「じつは元カノと再会」して、「複雑な心境」になったと打ち明ける。さらに1週間後、今度は元カノとやり直すことにしたと告白するのだ。「君のことは今でも好きだけれど、長年つき合った彼女を捨て切れないんだ」と苦悩の表情を浮かべよう。相手はこちらの〝苦しい立場〟に同情するので、苦い別れにならずにすむ。

別れ方その4　〝悪いのは君じゃない、俺だ〟

これは電話1本、30分足らずですむ。相手を傷つけることなく、本音をぶちまけられるのが魅力である。俺が女の子と別れる本当の理由は、だいたいこれだ。まずは告白からスタートする——このあいだのデートで「違和感」を覚えた。セックスすると、体は反応するのに心は何も感じないと。それは自分のせいであり、相手は何も悪くないことを強調する。

そして「俺には昔から問題がある。ほかの男と違って、女性と心でつながることができない。だから君とは距離を置いて、友達としてつき合っていきたい」と告げる。また「問題が解決するまで待たせるのは忍びないから、別れることがいちばんだと思う」とつけ加えよう。

悪いのは君ではない、俺だ、俺の心の問題だという理屈を展開する。この方法を使ってうまくいけば、別れた相手とセフレの関係になれる。1カ月くらいしたら、「会いたくなった」と電話する。相手の家に押しかけ、一緒にＤＶＤでも見て、そのままセックスに持ち込めるだろう。別れ話を切り出すのは少々気が引けるが、つき合いの長さに関係なく、体の関係を続ける口実になる。

エンドゲーム　究極のモテ男とは？

　そこそこのスキルが身についたころ、壁に当たって跳ね返されることがある。結果を出してきたのに、ここに来てスランプに陥ってしまうのだ。

　俺の壁はゲームを始めて数年後にやって来た。電話ですべるようになったのである。電話戦術は得意だったはずなのに、女の子たちの反応は急に悪くなり、デートの約束を取りつけることができない。それが毎度のパターンになってきたので、俺は原因を探り、突き止めた――デートで使うべきひとつ話を最初の電話で披露し、笑いを取ることに必死になっていたのだ。

　その話は電話でするよりも相手の顔を見ながら披露するほうが効果的だった。自分のミスに気づいてからは通話時間を厳しく制限し、笑いを取るよりもデートに誘うことに重点を置いた。すると、あっという間に復調したのである。

　スランプが来るのは当然のことで、原因はふたつある。ひとつは**サイクルの問題**だ。ナンパというゲームは株の相場と同じで上下の変動を繰り返す。ピークに達したかと思えば、次の瞬間に不調に転じる。その不調の時期にこそ、新しい手を考え、試すチャンスだ。谷を過ぎれば、また山が来る。スランプに陥る第2の原因は、**新しい戦術を不用意に使い、自ら調子を崩してしまう**こと。俺のスランプがこれにあたる。自分の腕を過信して路線を変えたことがあだになるケースだ。戦術の変更と突然のスランプが重なったら、元のやり方に戻すのが賢明である。

手法をアレンジしていくには

ゲームの手法を変えることはパンづくりに似ている。一流のパン職人になるにはパンを焼く前にレシピを確立しなければいけない。レシピどおりにうまく焼けたとき、初めてアレンジを効かすことができる。一度に1カ所ずつ変更することで原因と結果の因果関係が分かる。塩とイースト菌の分量を同時に変えてしまったら、どちら（あるいは両方）が原因でパンがうまくなったのかまずくなったのか分からないだろう。

現実はもっと複雑だ。状況は刻々と変わるから、予想外の結果になっても原因を追求できないこともある。それでもアレンジが成功したかを確かめるには新作を一つずつ試すのがいちばんだ。

例えば、アプローチ中の振る舞いを改善したいと思ったら、椅子に深く腰掛け、背にもたれてみる。ひと晩で変更するのは座る姿勢だけだ。俺だったら、この姿勢を最低でも5人の女の子に試し、結果を検証するだろう。椅子の背にもたれたら、ターゲットの反応はどう変わり、セックスという最終目的を果たすことに役立ったか。これはいけると思ったら、しばらく続けてみる。ゲームの腕がさらに上がるだろう。ほかのセリフやひとつ話にもアレンジを加えて試してみよう。やがて自ら効果を実証した自分流のゲームが完成する。

経験は上達のカギだ。経験は電化製品のブーンという作動音に似て、姿は見えないがついて回る。そして、目指すゴールへ導いてくれる。１００回目のアプローチは99回分の経験に支えられている。一度もチャレンジしないよりはチャレンジして失敗するほうが絶対にいい。失敗するたびにゴールに一歩近づけるからだ。振られたら、ありがたく思うこと。今の実力が分かるだけでなく、何が有効で何がそうでないのか身をもって知ることができる。

芸は身をたすく

君もいっぱしのナンパ師に成長したと仮定しよう。つまり、各ステージをクリアするだけの実力がつき、この本の要点も余すところなく抑えている。ひと晩で１つは電話番号をゲットし、ときにはキスまで進み、ごくまれにセックスにありつく。君が大学卒で定職に就いているなら、毎週末に遊びに行く金はあるはずだ。

ということは、週末に欠かさずアプローチすると、月に４～８人分の電話番号を手に入れることになる。そのうちデートにこぎつけるのはおそらく２人。２人のうち１人を最初のデートでモノにできれば、年間３～８人とやれる計算だ。１回の夜遊びに25ドル、１回のデートに35ドルかかるとすれば、毎月の出費は３００ドルになる。

この金額をどう見るか。多いと思うなら、何か特技を身につけたほうがいい。**目ヂカラでも口説きのテクニックでもいいから、自分だけの武器を磨いていっぱし以上の成果を上げること**だ。いっぱしのままでも支障はないし、女の子を抱くことはできるが、1~2年たっても成果は……やはりいっぱしのままだろう。しかし、特技を持つと費用対効果が上がる。

女の子は例外なく何かに秀でている男に惹かれる。絵、写真、音楽、仕事でもいいし、チェスのようなオタク的趣味でもかまわない。好きな分野で才能を発揮している男を女はほうっておかない。俺の場合は文才だ。文才のおかげで、どんなテクニックを駆使するよりも女の子が寄ってくる。例えば、夜遊びが高じて、クラブ界隈のプロモーターと懇意になり、イベント男の異名を取るまでになれば、それだけでモテるようになるだろう。

特技がなくても女の子を落とせるが、特技があると落とすのがラクになる。ナンパは楽しい。しかし、好きなことをするついでにナンパできたら、もっと楽しくなる。それは趣味を仕事にするようなもので、退屈な職場で9時から5時まで働くよりもずっといい。何でもいいから得意なこと(ナンパとネットゲーム以外)を極めよう。話題が豊富になり、効率よく、経済的に女の子を落とせる。

ナンパ道を極めれば、生きているだけでいい

このゲームを始めた理由と、続ける理由は同じとはかぎらない。俺はセックスが目的でゲームを始

めたが、今でもゲームを続けているのは欲しい物を手に入れるためのパワーがもらえるからだ。

ゲームの腕を上げるために習得した根気、自信、話術は、運やまぐれと違って、人生のあらゆる場面で役に立つ。俺の成功は俺自身の努力のたまものであり、神様や社会や文化のおかげではない。アクシデントをコントロールするのは不可能だが、アクシデントにどう反応するかは自由だ。

自分のゲームに磨きをかけて、人生の勝者になろう。川の流れのように穏やかに現実に向き合い、置かれた環境に適応し、自分ならではの強みを発揮する。努力なくして実りなしと心がけ、厳しい状況でもベストを尽くすことだ。

最後のステージはエンドゲームだ。このレベルに達すると、つかみもスキンシップも意識せずに繰り出せる。女の子から電話がなくても気にならない。相手がじらしても興味を失ってもおかまいなしだ。有望な女の子はいくらでもいるから、1人のターゲットの駆け引きや優柔不断な態度に動じることがない。ポジティブなオーラ、ユニークな生きざま、豊かな人生経験を備え、持ち前の個性と容姿を最大限に生かせば、アプローチの必要も拒まれる心配もなくなる。ただ思いどおりに生きているだけで、女の子が〝寄って来る〟。抱いてほしくて色目を使い、誘惑してくるだろう。

そんな境地に至るには数年かかるかもしれないが、努力した分は必ず報われると俺は信じている。エンドゲームに到達したら、毎日寝て起きるだけでいい。生きているだけでいいのだ。

付録　ナンパのヒント

ここで取り上げるのは、細かすぎて本章に含めることのできなかったシチュエーション別のケースだ。ゲームの基礎固めというよりも、仕上げとして活用してほしい。

車中からアプローチ

変則ワザとも言えるアプローチだ。とくに友達の車の助手席から身を乗り出して声をかけるのは無理があるが、俺はこれ以外にうまくいく方法を知らない。

通行中のターゲットに道を尋ねて注意を引く。誘拐犯に間違われては困るので、しばし雑談する。そして、これから自分が行くレストランやバーについてターゲットに意見を乞い、その周辺の店を話題にする（例「先週、そのあたりの〝ゲイ〟ってクラブに行ったんだけど、男ばっかりで嫌になっちゃったよ。今夜は違う店にしようかと思ってるんだ」）。今度は話題を変え、ターゲットが何をしているのか尋ねる。例えば「ピザを買いに行くところ」と答えたら、行きつけのピザ店について質問する。

できるだけ会話を引き延ばし、ターゲットを連れて近くの店に移動する。それが無理なら、電話番号を聞き出す。ターゲットが遊びに行く途中だったら、目的地まで送ってあげると申し出る。乗ってくる女の子は意外に多い。

ターゲットが横に停まった車中にいる場合も同様にする。信号待ちのあいだに窓から身を乗り出して道を尋ねるか、目的の店について意見を乞う。信号が変わる前にターゲットの行き先を聞き、その店の評判を尋ね、「俺も行こうかな」と水を向ける。「いいわよ」「来れば？」と肯定的な反応が返ってきたら、そのままついて行けばいい。

路上でアプローチ

車中からアプローチするのと要領は同じである。こちらが立ち止まっているところにターゲットが通りかかるというパターンが多いので、まずはターゲットを呼び止めるのが先決だ。「やあ、ちょっと聞きたいんだけど――」と声をかけ、時間や道を尋ねるか、これから行く店の評判を聞く。

相手がすぐに反応しなくても、接近しながら声をかけ続けよう。ターゲットはこちらが質問していることに気づいていないか、道路工事の作業員にからかわれていると勘違いしているかもしれない。女の子は困っている人がいたら、たいてい足を止めるものだ。

相手が立ち止まったら、車中からアプローチするのと同様に、特定の店についてコメントし、どこに行く途中なのか尋ねる。できるだけ会話をつないでターゲットから質問が来るのを待つ。路上でナンパする利点は近くの店に気軽に誘えることだ。成功率も高い。日によってはバーの中よりも外でアプローチするほうが成果が上がることもある。

カフェ、喫茶店、カフェでアプローチ

できるだけ混んでいる店を見つけるのがポイントだ。空席を見つけるのが難しいくらいがいい。店に入り、注文したドリンクを受け取ったら、店内を見渡してかわいい子を探す。その子のテーブルまで行き、丁重に相席をお願いする。椅子に座ったら持参した本を開くなどして、予定していた作業を開始する。

５分たったら、ターゲットに何をしているのか尋ねる。おそらく書き物、勉強、読書あたりだろう。「この店は、いつもこんなに混んでるの？」などとありきたりの質問をしてもいい。相手の手を止めることになるが、遠慮は無用だ。こういう店で時間を潰しているくらいだから、かえって歓迎してもらえるだろう。声をかけたら、こちらに興味をもったかどうか反応をうかがう——生返事をしただけで読書に戻ってしまうのか、あるいは視線を上げてこちらが何か言うのを待っているか。

電話番号を聞き出すか別の店に移動したい場合は会話を途切れさせないように注意する。話が途絶

えて相手が読書に戻ってしまったら、そこでアプローチは終わってしまう。2人で店を出るか、どちらかが時間切れになるまで会話を続ける。別れ際に「話の続きはまた今度。次はコーヒー以外のものを飲みながら話そうよ」と誘う。

相手に連れがいたら、彼女たちの会話に聞き耳を立て、話に割り込むチャンスをうかがう。「邪魔して悪いんだけど、君たちの話が耳に入ってきたもので……」と前置きし、自分なりの考えや意見を言う。このつかみはターゲットが年配の女性（母親など）を連れている場合に有効だ。店が空いている場合はターゲットの隣のテーブルに陣取る。相席に比べて距離があるので少しやっかいだが、アプローチできないことはない。

友達の友達にアプローチ

ターゲットが友達の知り合いなら、アプローチの必要はない。友達に紹介してもらえばいいだけである。なかなか紹介してもらえないときはターゲットに近寄り、「会うのは初めてだよね？」と自分から声をかけよう。自己紹介がすんだら、あとは通常どおりにアプローチ。共通の友達がいるからといって、自己アピールを怠ってはいけない。

俺の場合、友達の紹介で知り合った女の子に対しては〝女性の意見〟を求めるひとつ話から入り、会話を軌道に乗せる。ターゲットと友達は知り合いだから、アプローチの一部始終が友達に筒抜けになるかもしれない。それが怖くて消極的になるくらいなら、最初から彼女にアプローチするべきではない。つねに〝相手を問わず〟ベストを尽くす。それができないときはターゲットをあきらめるか、他の女の子の嫉妬をあおる〝駒〟として利用する。友達の知り合いだからと言って消極的になったり、アプローチを保留しないことだ。

スポーツジムでアプローチ

ジムでナンパすると決めた日はトレーニングを控えめにして余力を残す。ベンチプレスをやっている途中で、ランニングマシンに乗っている女の子が気になったら、さっそくランニングマシンに切り替えよう。

その子に近づき、あと何分で交代してもらえるか尋ねる。ほかのマシンが空いていて、口説いているのがミエミエでも気にすることはない。俺の場合はターゲットの隣のマシンで1分だけ走ったあと「いつもはもっと走るんだけど、足を痛めちゃったから今日はこのくらいにしとくか」「走ろうと思えばもっと走れるけど、ほかの連中に恥をかかしちゃ悪いからね」などとジョークを飛ばす。これで笑いが取れなかったら、相手のユーモアセンスを疑ったほうがいい。

今どきのジム文化について自分なりの意見やコメントを言い、相手の反応を見る。「今のアメリカではジムに通わないと肥満になると思われているようだね」「今度は掛け声を出して走ろうと思うんだけど、気にしないでね。声を出すと、気合が入るんだ」などと話しかける。

とにかく話を振って、相手が乗ってくるかどうか確かめること。「じゃあ、また」と言って早々に切り上げたりせず、できるだけ会話を引き延ばす。そして、休日の過ごし方に話題を移そう。目的を忘れてはいけない。彼女と〝ジム友〟になりたいなら話は別だ。しかし、そうでないなら今口説いておかないと落とせる見込みはほとんどない。これが最後のチャンスと思ってアプローチすることだ。

近所のカフェに移動して、野菜ジュースでも飲みながら話の続きをする。あるいは相手がこちらに興味を示し、個人的なことを質問をしてきたら、「ひと休みしようか」と言ってジムの床に座ってしゃべるのもありだ。

フェミニスト（男女同権主義）にアプローチ

フェミニストは性差にこだわらないだけにおもしろい。タフでお高いイメージがあるが、じつはベッドに誘うのは簡単だ。フェミニストでない女の子に比べると理屈っぽいところはあるが、こちらの主義主張が一貫していれば、それを尊重し、なんだかんだ言っても抱かせてくれる。

男はフェミニストを前にするとビビッてベータ系になりがちだ。しかし、あえてその逆を行こう。相手は意表をつかれて、ますますこちらに魅了される。

内気な子にアプローチ

ナンパは率直なコミュニケーションと相手の反応を頼りに進めていく。それだけに内気な女の子はやっかいだ。質問は来ないし、反応も鈍いから、こちらに気があるのかどうか判断しかねる。内気な子は会話に消極的なだけではない。生き方そのものが消極的なので、こちらの目的（セックス）達成に協力してくれるとも思えない。

俺は内気な子は最初からパスして、ベータ男に譲ることにしている。君も場数を踏んで多くの女の子に接すれば、パスしたくなるだろう。内気な女の子から得られるものは、不可解な沈黙をのぞいてほとんどない。

英語（日本語）が上手でない子にアプローチ

騒々しい店やライブ公演など会話が要らない場所に誘う。相手を魅了する手段として、いつも以上にスキンシップに重点を置こう。ウィットやユーモアといった話芸に代えて、まなざしとオーラで勝負する。沈黙が流れても気にしないこと。内気なタイプとは違って、こちらの努力に応えてくれる可能性は高い。

ターゲットを絞りきれなかったら

こういう状況に陥りやすいのは2人組にアプローチするときだ。ひとりに的を絞るつもりが2人とも乗りが良く、同じくらいに脈がある――そんなとき、たいていの男はどちらかに絞ることをためらい、「また3人で遊ぼうよ」と言って両方から電話番号を聞き出すが、それではダメだ。

そうではなく、最初の1分間は本命でないほうに話しかけ、それ以降は本命の子に集中する。どちらが本命なのか態度ではっきり示しておけば、もうひとりはその場から立ち去るだろう。本命の友達を丸無視してはいけないが、友達が気を悪くしても妨害しても、気にせずにアプローチを続ける。その結果は2つに1つ――次回に望みをつなぐか本当に妨害されるかだ。それでも意味のない電話番号をもらうよりはましである。

相手の名前を忘れたら

真のアルファ男は女の子の名前を忘れたくらいで動じないだろう。そうは言っても名前が出てこないのは恥ずかしい。体の関係ができたあとは、とくにそうだ。どうしても思い出せないときは「君の名前、どう書くんだっけ?」と表記を聞くといい。昔のテレビドラマをまねて、相手がトイレに行ったすきにバッグの中をあさってフルネームを確かめるという手もあるが、それはリスクが高すぎる。

相手の口臭が気になったら

口臭のきつい女の子に出会うことはめったにない。女の子は身だしなみに神経を使うし、出かける前には2度も3度も全身をチェックするものだ。相手の口臭が気になったときは「今日、ニンニク食べた?」と聞くかミントのタブレットやガムを渡すといい。それで相手は察するはずだ。

相手に彼氏、婚約者、夫がいたら

ナンパの腕が名人の域に達し、フリーの女の子を追いかけるだけでは飽き足らなくなったら、次はフリーでない女の子を狙いたくなるだろう。

俺は女を寝取ることについて説教するつもりはさらさらない。むしろ、こう考えている――甲斐性のある男に大事にされている女の子なら、俺が声をかけても見向きもしないだろう。しかし、俺のアプローチに反応して浮気心を起こすのは、相手の男が俺よりも劣るからだ。だったら〝ろくでもない男がいる〟というだけで目の前の獲物をあきらめる必要があるだろうか。遠慮はいらない。道徳をふりかざす連中は無視すること。誰と寝ていいとか悪いとか、そんな説教に耳を貸す必要はない。

彼氏のいる子がこちらになびくのは、その男に愛想が尽きたか不満を感じていて、現状を変えてほしいと願っているからだ。そこで、楽しい話や旅先での冒険談を聞かせて、今の恋愛がいかにつまらないものか知らしめる。暗い話や悲しい話は避けよう。

決まった相手がいる女の子でもほかの男に色目を使うことはある。しかし、浮気の対象にするのは密会の条件を整えてくれる男、周囲の目を気にせず安心して会える男に限られる。女の子を寝取るには、彼女の知り合いがいる圏内から彼女を連れ出す必要がある。知人の目が届かないところで2人きりになったら、あとは通常のゲームと同じだ。

唯一の問題はキスを奪うまでに多少の時間がかかること（女の子にとって彼氏以外の男とキスするのは一大事）。寝室で「彼がいるから、やっぱりダメ」と拒まれたら「そうだね。やめておこう」と素直に聞き入れること。我を忘れさせるためにも理性を刺激してはまずい。

ポイントは、繰り返し接触することだ。クラブで知り合った人妻が友達を5人連れていたら、あきらめたほうがいい。相手はこちらに気があっても、友達の前で電話番号を教えたりしないだろう。しかし、行きつけの喫茶店で相手と1日おきに顔を合わせたり、大学で同じ授業を取っていたりする場合は勝機がある。２人きりになれる場所に相手を連れ出そう。こちらは邪魔されることなく口説けるし、相手は人目を気にしなくてすむ。

男がいるターゲットに対してはいつも以上に言葉に注意し、ダイレクトな表現を避け、こちらの気持ちを読まれないようにする。そのほうが相手も〝ただの友達だから会ってもかまわない〟とデートを正当化できるだろう。ただし、スキンシップはいつもどおりに実行すること。会話の内容はごく普通なのに、ボディにタッチしたり、腕を組んで歩いたり、腰に手を回したりすれば、相手は戸惑うかもしれない。しかし、こちらは遠まわしに口説くのが常套手段だから、いつものナンパと大して変わらない。

ターゲットが男にウソをつくようになったら、しめたもの。友達に会うとウソを言わせて会いに来させる。そのリハーサルを一緒にやるといい。そうすれば、共通の敵（ターゲットの男）をもつ〝同士〟になり、ターゲットはますますこちらになびく。

体の関係ができると、相手を独占して恋人にしたい気持ちが芽生えるかもしれないが、よく考えたほうがいい。今の関係が楽しくてスリリングなのは相手に男がいるからだ。俺は彼氏のいる女の子にいつも宣言する――「君と会うのは楽しいけれど、それは君の彼氏のおかげだ。その彼氏と別れたいなら、関係を清算するために別れるべきであって、俺とつき合うために別れてはダメだよ」。

もちろん、こんなことを言うのは相手を夢中にさせるためだ。突き放されると追いたくなるのが女心である。男がいる女の子とセックスするのは刺激的だ。彼氏に対する日ごろの不満がベッドの中で爆発するからである。

相手が友達の元カノだったら

よく考えてほしい。人のお下がりがそんなに欲しいか。相手はセクシーでいい女かもしれないが、めぼしい女の子はほかにもいるはずだ。友達の元カノを狙うようでは、まだまだ修業が足りない。

ゲームの腕を磨けば、いい女がよりどりみどりで、お下がりなど眼中にも入らなくなるだろう。例外は、友達の元カノが尻軽で、自分にも順番が回ってきたときだけだ。

相手が好戦的だったら

声をかけたとたん、嫌悪感をあらわにする女の子がいる。そういうときは退散するにかぎるが、たまにいるのが男をなぶることを唯一の生きがいにしている女だ。男に毒づき、絡み、恥をかかせ、かみつき、ケンカを売る。

そういうタイプに遭遇したら、挑発に乗るつもりはなくても、ガツンと思い知らせることが大切だ。黙って引き下がれば、相手の思うつぼである。攻勢に転じ、多少オーバーな表現で相手よりも強く出る。要するに、容赦しない姿勢を見せてビビらせるのだ。

「さっさと消えないとはり倒すよ」と言えば、相手は引き下がらざるを得ない。はり倒されるのはさすがに嫌だろう。こんなことは起きないと思うが、万一に備えてシミュレーションをしておこう。

相手が実家に住んでいたら

これだけなら大した問題ではないが、自分も実家住まいで〝お持ち帰り〟ができないとなると話は別だ。その場合は一計を案じないと目的が果たせない。初めのセックスが車の中、公園、ラブホになるのも致し方ない。

相手が学生だったら

学生をターゲットにするなら、心得ておきたいことがひとつある。それは彼女たちの行動は友達の意見に左右されるということ。自分の希望はさておき〝友達の〟意向に従おうとする。なので、ターゲットの友達に嫌われたら、ターゲットをモノにすることはできない。

ターゲットの友達に良い印象を与え〝ユーモアのある楽しい人〟と思わせること。友達のお墨付きをもらえば、ターゲットもその気になるだろう。

年の差が開いていたら

女の子を前にして自分の歳を気にするのはやめよう。女の子は〝恋愛対象年齢〟を決めているものだが、それもいつ変わるか分からない。せいぜい熟女から「あなたは私には若すぎるわ」と言われる程度だ。俺は年下の女の子から「おじさん」呼ばわりされた覚えはないし、10歳年下とつき合ったこともある。

ここは先手必勝だ。相手よりも先に年の差を指摘して、相手の年に不足があるかのように振る舞う。相手がふたつ以上年上だったら、年齢差を理由に〝別れよう〟のひとつ話を繰り出す。「君があまりに年上だから、僕たちはうまくいかないね」と言えばいい。

相手はむきになり、こちらを子供呼ばわりするだろう。しかし、時すでに遅し。先に年のことを話題にしたのはこちらだから、相手は後手に回らざるを得ない。相手は言い訳する立場になり、「歳なんて数字にすぎない」などと反発するだろう。そうしたら「君みたいな熟女が若い男を満足させられるかな」とからかう。

相手が年下の場合は「君みたいな若い子が大人の男を満足させられるかな」とアレンジする。相手の成熟度に疑問を呈するのがポイントだ。

俺も昔は歳を話題にするのが苦手だった。年上の女性に対して失礼ではないか、相手が怒ってグラスを投げつけてきたらどうしようと思った。しかし、自信をもち、不敵の笑みを浮かべてからかえば、相手もジョークで応じてくれる。そのためにも必ず先手を打つこと！

相手が超多忙だったら

つき合いの良すぎる女の子は先が思いやられる。週の半分は予定が詰まっていて、友達の誕生祝いや知り合いの祝賀会など大事なイベントが目白押しだ。こちらがデートに誘っても断り、デートの代わりに「友達のパーティーに一緒に行かない？」などと言い出す。そんな誘いはきっぱり断ること。相手の友達が見ている前で満足に口説けるわけがない。2回誘って断られたら、「君の忙しさにはかなわないな。時間ができて飲みたくなったら連絡してよ」と言うしかないだろう。

こういうタイプは早々に見分けられる。電話番号を教えるときに予定が詰まっていることをほのめかすからだ。それは「デートしている暇はない」と宣言されたも同然なので、パスしたほうがいい。次は、友達が30人以下で友達づき合いとデートを両立できる女の子を狙おう。

相手がシングルマザーだったら

子供がいるのはセックスが嫌いでない証拠だ。本当のところは分からないが、彼女たちはナンパ目的の〝ガキ〟ではなく、真剣につき合える相手が欲しいと言う。要するに子供の第二の父親を探しているのだ。

シングルマザーには〝縁あって出会った女性と何かを築いていきたい〟という態度で接し、安らぎを与える。そして、ほかの女の子と同様にベッドに誘う。

相手が遠方に住んでいたら

女の子に会いに行くのにどの程度の距離までガマンできるか、限界を決めておく。俺の場合は車で45分が許容圏内だ。それよりも遠くに住んでいる子には、俺の限界を超えていることと遠距離恋愛が苦手なことを伝える。それでも相手がデートを望んだら、運転中に居眠りするクセがあることを口実にして、こちらの地元まで来させる。

とびきりいい女に出会ったのに、彼女が許容圏外に住んでいることがある。そんなときは彼女だけ例外にしたくなるが、それでは相手に譲歩することになるので、結局は残念な結果に終わるだろう。許容圏内の相手と遠距離恋愛するときは、お互いの地元を交代で行き来する。車を走らせるのも献身であることを忘れてはいけない。

相手が3泊以上の旅に出るなら

これは危機的状況だ。まだ深い仲になっていないなら、余計にまずい。出会ってまもない大事な時期に不自然なブランクが空いてしまう。最善策は、相手が出発する直前にデートすること。長時間でなくてもかまわない。すでに体の関係がある場合は出発前に会い、必ずセックスする。それも相手を寝かせない覚悟で抱くこと！　できるだけ自分を印象づけ、旅先でも思い出させるためだ。旅先ではどんな〝ハプニング〟が起きるともかぎらない。

もうひとつの問題は旅行中の相手に電話やメールをするべきかどうかだ。1週間以上会えないなら、1度は電話を入れたほうがいい。相手がすぐに折り返してきて嬉しそうな口ぶりだったら、数日置いてまたかける。しかし、伝言を残してもなかなか返事がなく、よそよそしい口ぶりだったら、1度かければ十分だ。電話を切る直前の相手の言動にも注意しよう。

こちらが電話を切ろうとしたとき、相手が「電話はいつも持ち歩いているから」と言い残したら、それはこちらからの電話を待っているというサインだ。相手が帰ってきたら、さっそくデートを設定し、熱が冷めないようにする。〝去るもの日々にうとし〟と肝に銘じよう。

相手が金欠だったら

ワリカンも献身のうちだが、金のない女の子にはできない相談だ。自己破産まではしていなくても、相手が例えば苦学生だったら、サイフを開かせるのは気が引ける。

自腹を切らざるを得なくなったときはデートを安く上げよう。見返りなき出費は最小限に抑えるべきだ。もっぱら喫茶店で会ったり、散歩したり、一緒に料理を作ったりすればいい。体の関係がないうちは、惚れた弱みで貢いでいると思われてはまずい。

いい店に連れて行き、酒や飯をおごるなど論外だ。決して〝見返りを求めない気前のいい男〟という印象は与えないこと。相手がその辺の事情を察しないなら「旅行の資金を貯めているので倹約している」と釘を刺し、金をかけずに楽しいデートをしようと提案する。

いざというときコンドームがなかったら

コンドームはまとめ買いして、上着のポケット、バッグ、自分の車、友達の車に常備する。ナンパに行くときは必ずひとつ持って出かけよう。いざセックスというときにゴムが手元にあれば、チャンスを逃さずにすむ。

フリーセックスにありつけなくても、備えだけは万全にしておく。裸の女の子がその気になっているのに、ゴムがなかったら最悪だ。自らトラブルを招いてはいけない（酔った勢いでセックスすると生で挿入しがち。中出しした瞬間に後悔に襲われる）。セックスに持ち込むだけでも大変なのに、準備不足で追い討ちをかけてはいけない。

自分のほうが惚れてしまったら

これはまずい状況だ。惚れる以上に惚れられてこそ、相手をかしずかせ、セックスのチャンスを広げられる。なのに自分のほうが熱を上げては逆結果。惚れた弱みにつけ込まれてしまう。

気持ちを変えることはできなくても〝装う〟ことは可能だ。彼女を〝最高の女〟と考えるのはやめて〝かわいい女〟にとどめておく。寝る前に彼女のことを妄想するのもやめる。オナニーのおかずは彼女と似ても似つかないポルノ女優にする。彼女のいいところではなく欠点を数えるようにする。

自分と相手の温度差をできるだけ縮めて、物欲しそうに見えないように努めること。相手がこちらの好意に応えるまでは、一方的に思いを募らせてはいけない。映画のなかでは尽くす男に勝機があるかもしれないが、現実の世界ではそうはいかない。

相手が酒を好まなかったら

相手が飲まなくても手を変える必要はないが、しらふのぶんだけ抵抗が大きく、モノにするまでに時間がかかることを覚悟しなくてはいけない。酒を飲まない女の子とセックスする期限は5回目のデートまでとする。通常よりも2回多い。

はっきり言って、アルコールにはずいぶん助けられる。女の子は飲めば飲むだけ解放的になり、セックスへの抵抗感がなくなる。酒は魔法のドラッグだ。合法だし、女の子も進んで飲む。酒好きの女の子には遠慮なく飲んでもらおう。

ただし、デート相手は行きずりの女の子と違うから、酒の力でセックスできるとは思わないこと。酒はセックスまでの時間を短縮してくれるだけだ。初回のデートはアルコール抜きでも構わないが、俺なら2回目以降は酒を出す店に誘う。ベッドインするのに5回以上もデートするのはごめんだ。

相手が処女だったら

男なら処女を奪うバツの悪さを一度は経験したほうがいい。時間をかけなくてはならず、苦痛にゆがむ顔を見せられ、痛いからやさしくしてと何度も懇願される。考えただけで萎える？

しかし、何度か抱くうちに自分好みの淫乱な女に仕立てることもできる。相手は素直な生徒で、こちらは調教師——官能の世界に引き込んだアルファ男というわけだ。

相手がバージンだと慎重になる男は多いが、自分のセックスを貫くこと。処女も非処女も同じように扱う。「初めてなの」と言われたら「大丈夫。任せておいて」と安心させ、処女という病気を治療するつもりで抱く。ベッドに誘うプロセスも通常どおり。相手が未経験だからといって流儀を変えてはいけない。彼女がこれまで出会ってきた〝物分かりのいい男〟にならないように注意する（だから彼女はいまだに処女なのだ）。処女を奪うという強い征服欲をもつこと。それがもてないなら、パスしたほうがいい。

コンドームが破損したら

コンドームの装着感をつねに意識しよう。そうでないと、小さな不注意が予期せぬ妊娠につながりかねない。挿入のさなかに急に気持ちよくなったら、それはコンドームが破れてイチモツの根元に巻きついたからだ。破れたゴムはただちに外す。「コンドームを変えさせて」と断って新品をかぶせ、挿入を再開する。それだけのことだ。

経験を積むと、ゴムが破れたことはすぐに分かる。むき出しのイチモツを膣に接触させることは、なるべく避けよう。性病は怖い。接触時間が長引くほど良からぬことが起きる可能性は高くなる。女の子はゴムが破れたことにほとんど気づかないので、女の子をあてにしてはいけない。

相手が〝マグロ〟だったら

女の子がベッドで不評を買うとしたら、動かない、声を出さない、口を使わないからだろう。次にセックスするときは「2人そろって気持ちよくなれることを試してみたい」と持ちかけ、具体的に要望を伝える。長年の習慣を変えさせることになるので時間と根気が必要だ。したがって長くつき合うつもりがないなら、手を切ったほうがいいだろう。

どうしてもやらせてもらえなかったら

あらゆる手を尽くし、何度もデートに誘って、この本に書いてあるテクニックはすべて試した。なのに、いまだにジーンズを脱がすことができない。

そんなとき、たいていの男は相手がその気になるまで待つようだが、それはやめたほうがいい。完全に主導権を握られるだけだ。その子に費やすエネルギーがあるなら、ほかの子とのセックスに費やすべきである。健全な男女関係に欠かせない行為を無期限に延期する権利は誰にもない。相手のルールに従ってはいけない。彼女との出会いをひとつの教訓と割り切り、手を切ること。

「深い仲になれないのは納得できないから、友達でいるほうがお互いのためだと思う」と説明する。相手が動揺し、こちらを真剣に思っていることが分かったら、あと一度だけデートしてもいいが、それ以上の猶予は与えない。デート相手を必ず抱けるとはかぎらない。抱ける女の子がたくさんいるのに、抱けない子に執着するのは時間の無駄だ。

ナンパ6カ条（要約版）

今まで紹介したゲームの心得とテクニックをここに要約する。何度も読み返して、女の子と寝るにはどうすればいいのか思い出してほしい。この6カ条をいつも念頭に置いてゲームを進めよう。

1．週に一度はアプローチ

セックスライフを改善するにはこれがいちばん効果的だ。テクニックは皆無でもアプローチさえしていれば、勝率は劇的に上がり、今までにない収穫が得られる。定番のつかみで会話をスタートさせ、周囲で起きていることを話題にしよう。あとはターゲットに質問する――相手が飲んでいる酒、身に着けているストール、どこで何を買い、本屋はいつ閉まるかなどなど、何でもいい！　女を抱きたければ毎週のアプローチをノルマにすること。下半身のためを思って欠かさず実行していれば、必ず手馴れてくる。

2. 会話は楽しく、おもしろく

最初の数分間、ターゲットはほとんど口を開かないが、それでいい。自分のキャラクター、魅力、ユーモアセンスを披露する絶好のチャンスだ。突っ込みはターゲットに任せ、こちらは店内のようすや客を話題にしてしゃべり、ときどき自慢話を交える。

夜間の会話なら、ターゲットを軽くからってみる。相手の反応はどうか。笑顔を見せたり、目を見開いたりして、楽しそうにしているか。だったらもっとからかってやろう。ターゲットのプライベートについて質問するのは話に詰まったときだけにする。そうでないと面接の雰囲気になってしまう。

3. ターゲットは独占せよ

ターゲットに連れがいなければラッキーだ。ターゲットの注意を引きつけ、こちらの名前や職業を質問させる。そしてボディタッチを開始。最初は腕や手の甲など無難なところに触れ、続いて腰のあたりにしばらく手を置く。ターゲットに連れがいる場合は連れから引き離すことを考えなくてはいけない。バーカウンターやダンスフロアに誘うか、新鮮な空気やタバコを吸いに外に連れ出す。

会話の盛り上がりがピークに達し、その場を離れづらくなったら、会話が失速する前に電話番号を聞き出す。ターゲットが2人きりになるのをためらったら、それはこちらに興味がない証拠なので、深追いはしない。

4. 攻められるところまで一気に攻め込む

電話番号やキスで満足してはいけない。店を変えるか自宅に誘うかして、出会った当日にできるだけ攻めておく。

有史以来、電話番号の交換が無駄に終わった例は数え切れない。番号を聞き出すのは窮余の策と考えよう。ターゲットがすっかりその気になっているのに、電話番号を聞いておしまいにする男を見るのはじつに忍びない。その子に後日電話しても、なしのつぶてに終わるのは目に見えている。これが最後のチャンスと思って口説くこと。実際、そうなることが多いのだから。

5. 困ったときは何もしない

ナンパに横槍はつきものだが、とっさに対処できない場合もある。そんなときはジタバタしないのがいちばんだ。どっしり構えて、ただやりすごす。女の子はこちらの出方をじっとうかがうことがある。こちらが反応しなければ、しびれを切らして自分から連絡してくるだろう。

女の子が態度を豹変させたら、あえて何もしないことがゲームの再開につながる。俺はその成功率の高さに今も驚く。肝心なときに相手が失礼な態度や非常識な行動を取ったら、思い切り突き放す。追うよりも追われる立場でいること。

6.〝強引な男〟と思われよう

女の子が男を寝室に招くのは映画の中だけだ。女の子は自分から「抱いて」とは言わないし、イチモツをつかんで勝手に入れたりはしない。イニシアチブを取るのも誘惑するのもつねに男の務めだ。ちょっと強引かなと思うくらいでちょうどいい。

女の子も好きな男に求められて悪い気はしない。押しの強さは遠回しな愛情表現であり、男女関係を育む一助になる。できれば出会ったその日にどちらかの自宅にしけこむ。相手の服を脱がし、行けるところまで行く。抵抗されたら、ひと息おいて、やり直す。抵抗をやわらげてセックスし、デートに誘って再びセックスする。

■著者紹介

ルーシュV

メリーランド大学を卒業後、微生物学者としてキャリアを積むが、在職中に、自らのナンパ体験をもとに本名で書いたブログが不適切として降格された。退職後に、女性をナンパしベッドインする方法について書いた『BANG』を執筆。そのほか『A Dead Bat In Paraguay』『Bang Colombia』『Day Bang』など多数の著作がある。2011年ごろ執筆したセックスツアーガイドはヨーロッパのテレビやラジオ、雑誌などで取り上げられ、賛否両論を巻き起こしている。
公式サイト：http://www.rooshv.com/

■訳者紹介

永井二菜（ながい・にな）

主な訳書に『人生を変える、お金の授業』（PHP出版）、『こんな男とつきあってはいけない』（アスペクト）、『イベントトレーディング入門』『1分間マネジャーの時間管理』『もう一度ベストカップルを始めよう』『アニマルスピーク』（パンローリング）、『夫婦仲の経済学』『社会を動かす、世界を変える 社会貢献したい人のためのツイッターの上手な活用法』（阪急コミュニケーションズ）など。書籍のほかに映像翻訳、海外タレントのインタビューなどを担当。東京都在住。

2015年 6 月 3 日 初版第 1 刷発行
2017年 2 月 1 日 第 2 刷発行

フェニックスシリーズ ㉘

抱けるナンパ術
——出会いからベッドにいたるアルファ男の心得

著 者 ルーシュV
訳 者 永井二菜
発行者 後藤康徳
発行所 パンローリング株式会社
〒160-0023 東京都新宿区西新宿7-9-18-6F
TEL 03-5386-7391 FAX 03-5386-7393
http://www.panrolling.com/
E-mail info@panrolling.com
装 丁 パンローリング装丁室
印刷・製本 株式会社シナノ

ISBN978-4-7759-4146-1

関連書籍

恋愛工学などの現代恋愛理論は
すべて巨人たちの肩の上に乗っている。
ミステリーはそうした巨人のひとりだ。

——藤沢数希

美女は
7時間で
落とせ——

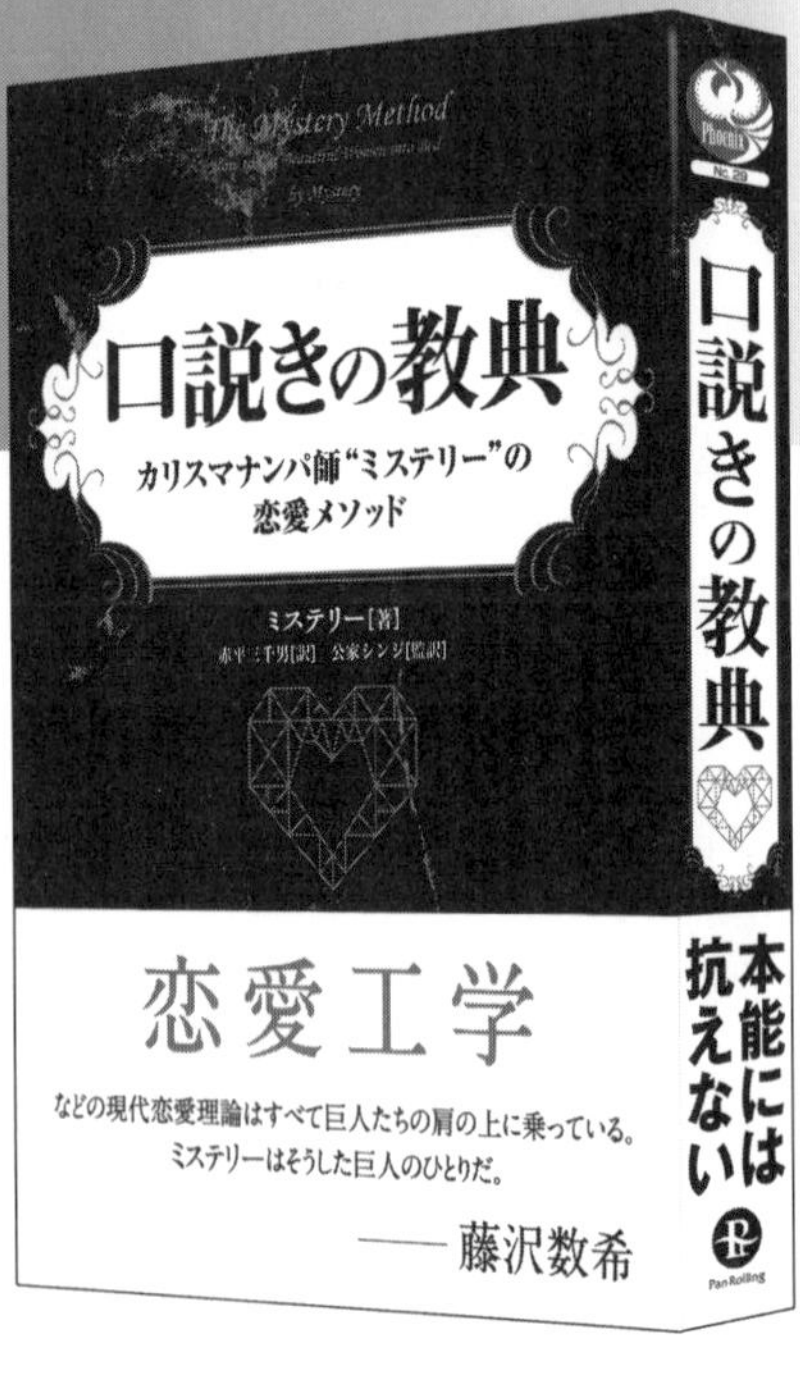

ナンパを段階的に分解し、各フェーズで使うテクニックや態度を変更するよう解説しているので、誰でも「成功するナンパ」の構造を理解することができるだろう。もちろん、そこで取るべき態度やその方法と仕組みについても詳細に説明している。

口説きの教典

カリスマナンパ師
“ミステリー”の恋愛メソッド

ISBN 978-4-7759-4148-5　四六判 336頁

定価：本体1,600円＋税

◎著：ミステリー